U0797295

中国税务年度报告

（2022）

国家税务总局　编

中国税务出版社

图书在版编目（CIP）数据

中国税务年度报告. 2022 / 国家税务总局编. -- 北京：中国税务出版社, 2023.7
ISBN 978-7-5678-1300-7

Ⅰ. ①中… Ⅱ. ①国… Ⅲ. ①税收管理—研究报告—中国— 2022 Ⅳ. ①F812.423

中国版本图书馆 CIP 数据核字（2022）第 209171 号

版权所有 · 侵权必究

书　　名：中国税务年度报告（2022）
ZHONGGUO SHUIWU NIANDU BAOGAO(2022)
作　　者：国家税务总局　编
责任编辑：范竹青
责任校对：姚浩晴
责任印制：林立志
出版发行：中国税务出版社
北京市丰台区广安路 9 号国投财富广场 1 号楼 11 层
邮政编码：100055
网址：https:// www.taxation.cn
投稿：https:// www.taxation.cn/qt/zztg
发行中心电话：(010)83362083/85/86
传真：(010)83362047/49
经　　销：各地新华书店
印　　刷：北京联兴盛业印刷股份有限公司
规　　格：889 毫米 ×1194 毫米　1/16
印　　张：5.25
字　　数：91000 字
版　　次：2023 年 7 月第 1 版　　2023 年 7 月第 1 次印刷
书　　号：ISBN 978-7-5678-1300-7
定　　价：58.00 元

如有印装错误　本社负责调换

目 录 | CONTENTS

图表目录 | CHART TABLE OF CONTENTS

图

表

专栏目录 | COLUMN TABLE OF CONTENTS

局长寄语

各位读者朋友，大家好！

《中国税务年度报告（2022）》正式发布了。这份报告详细记录了2022年组织税费收入、落实减税降费政策、深化税收征管改革、税费服务、税收监管、国际交流合作、智慧税务建设等方面的情况，更加直观和全面地反映了2022年中国税务部门守正创新高质量推进税收现代化建设取得的新进展、新成效。同时，对新时代十年来中国税务一以贯之推进税收现代化发展的标志性事件、取得的重要成就进行了重点回顾，展现了一段筚路蓝缕的奋进历程，描绘了一幅不懈前行的生动画卷。在此，我谨代表国家税务总局，向所有关心支持中国税收事业发展的国内外朋友表示衷心的感谢！

2022年是党和国家历史上极为重要、极为关键的一年。中国共产党第二十次全国代表大会胜利召开，擘画了全面建设社会主义现代化国家的宏伟蓝图。税务部门认真学习领会习近平新时代中国特色社会主义思想，深入贯彻党的二十大精神，坚决落实党中央、国务院决策部署，凝心聚力、攻坚克难，踔厉奋发、勇毅前行，各项税收工作取得新进展、实现新突破、收获新成效，在税收现代化进程中留下浓墨重彩的一笔。我们依法依规组织税费收入，进一步夯实服务高质量发展的财力保障；创新实施“快退税款、狠打骗退、严查内错、欢迎外督、持续宣传”五措并举打法策略，确保超4.2万亿元新增减税降费及退税缓税缓费“快准稳好”落实落地；连续第9年开展“便民办税春风行动”，“我为纳税人缴费人办实事”121条举措落地见效；持续深化税收征管改革，加快建设具有高集成功能、高安全性能、高应用效能的智慧税务，140多项高含金量改革举措渐次落地；成功举办金砖国家税务局长会议，协助办好第三届“一带一路”税收征管合作论坛，服务高水平对外开放更加显力显效。

征途漫漫，惟有奋斗。2023年是全面贯彻落实党的二十大精神的开局之年，中国税务部门将以习近平新时代中国特色社会主义思想为指导，深入贯彻党的二十大精神，坚持党对税收工作的全面领导，着力“抓好党务”建强政治机关；坚持完整、准确、全面贯彻新发展理念，着力“干好税务”服务党和国家事业发展大局；坚持打造忠诚干净担当的税务铁军，着力“带好队伍”提振干事创业精气神，更好发挥和拓展提升税收在国家治理中的基础性、支柱性、保障性作用，为推动经济运行整体好转、实现质的有效提升和量的合理增长、服务中国式现代化贡献税务力量。

新征程是充满光荣与梦想的远征。我们愿与社会各界和各国同行一道，坚持协同共进、互利共赢，共享发展机遇、共促经济增长、共创美好未来。同时，衷心希望大家一如既往地关心、支持中国税收改革发展！

国家税务总局局长

2023年6月

2022 年
中国税务工作概要

- 强化政治机关建设
- 组织税费收入
- 落实税费支持政策
- 进一步深化税收征管改革
- 优化办税缴费服务
- 加强税收监管和税务稽查
- 服务国家重大发展战略
- 加强国际税收交流合作
- 推进全面从严治党和税务干部队伍建设

2022年，面对持续三年的新冠肺炎疫情冲击和严峻复杂的国内外形势，国家税务总局坚持以习近平新时代中国特色社会主义思想为指导，深入学习贯彻党的二十大精神，认真落实党中央、国务院部署要求，团结带领广大税务干部职工，履职尽责、攻坚克难、开拓进取，在“抓好党务、干好税务、带好队伍”中较好完成各项改革发展任务，扎实推动税收现代化取得新进展、新成效。

强化政治机关建设

坚持用习近平新时代中国特色社会主义思想凝心铸魂，示范推动广大税务干部第一时间跟进学习习近平总书记最新重要讲话和重要指示批示精神，牢记税务机关首先是政治机关，坚定捍卫“两个确立”、坚决做到“两个维护”。持续学习宣传贯彻落实党的二十大精神，在全国税务系统组织开展“税收现代化服务中国式现代化”大讨论，以党的二十大精神为指引进一步谋深谋实税收现代化。以高度的政治自觉认真接受中央巡视，并坚决扛牢整改主体责任，扎实做好“自查整改、对照整改、深化整改”三篇文章。完成党建高质量发展两年行动方案工作任务，进一步优化“纵合横通强党建”机制制度体系，在部分条线试行党建和业务深度融合工作指引，充分发挥党建引领作用，推动税务部门党建工作质效不断提升。税务系统参加2022年度地方党建考核的省、市、县税务局获得“优秀”等次的比例分别达到100%、98%和94%。

专栏1

纵合横通强党建

针对税务部门党建工作中客观上存在“两边管、两难管”的难题以及压力层层递减、责任级级弱化的问题，2016年7月，税务总局党委研究提出“条主动、块为主，两结合、互为补，抓党建、带队伍”的“纵合横通强党建”工作机制。2018年，国税地税征管体制改革后，根据双重领导管理体制要求，按照“条主责、块双重，纵合力、横联通，齐心抓、党建兴”的思路及时作了调整完善，在纵向上形成了抓党建的“两个合力”，即上级税务局党委与下级税务局党委、上级税务局党委与下级税务局所在地党委及其工作部门共抓税务系统党建的合力，着力解决主体责任落实不够到位的问题；横向上实现了党建与党风廉政建设、机关党建与系统党建、党建与干部人事、党建与执法监督及内控、党建与干部教育培训、党建与绩效管理、党建与税收业务“七个打通”，着力解决部门协调配合不够有力的问题，促进了条块协同更加有序、责任传导更加有效、内部配合更加有力。近年来，经过持续完善和有效落实，“纵合横通强党建”机制制度体系取得明显成效。中央和国家机关工委安排税务总局在2019年召开的中央和国家机关党的工作暨纪检工作会议上作经验交流发言；2020年，中央和国家机关工委书记丁薛祥带队到税务总局调研指导党建工作，对此给予肯定；2021年，中组部对这套机制制度体系进行专题调研，专门印发《工作通报》向全国推介，并在《人民日报》要闻版、《中国组织人事报》头版全文刊发，受到各方面广泛关注。2023年，中央党校出版社出版发行《纵合横通强党建——税务系统加强和改进党建工作的探索与实践》读本，深度分析“纵合横通强党建”机制制度体系的内在机理、重点要求、关键举措和各地税务部门运用这一机制抓好党建强引领、推动工作提质效、服务发展求作为形成的经验做法。

组织税费收入

切实担负好保障国家财力的主力军职责，始终依法依规组织税费收入，进一步健全完善收入质量监控分析机制，坚决守住不收“过头税费”的底线。2022年共完成税收收入16.1万亿元（不含海关代征，未扣除出口退税），超额完成预算收入目标，同比下降6.2%，如将留抵退税因素还原及考虑客观税源回落因素，同比增长4.6%，与GDP现价增长速度相匹配。扎实做好社会保险费和非税收入征管服务工作，不断提升规范化、专业化水平。2022年共组织社会保险费7.4万亿元，税务部门2022年组织税费收入共计31.4万亿元。

表1　全国税收收入（2022年）

单位：亿元

项目	2022年	2021年	同比（%）
全国税收收入	142065	154573	-8.1
出口退税	18678	16719	11.7
全国税收收入征收数	160743	171291	-6.2
国内增值税	48912	63573	-23.1
国内消费税	16867	14047	20.1
企业所得税	43877	42238	3.9
个人所得税	15141	14145	7.0
其他税收	35946	37288	-3.6

注：本部分税收收入不含海关代征进口税收，不含关税和船舶吨税。

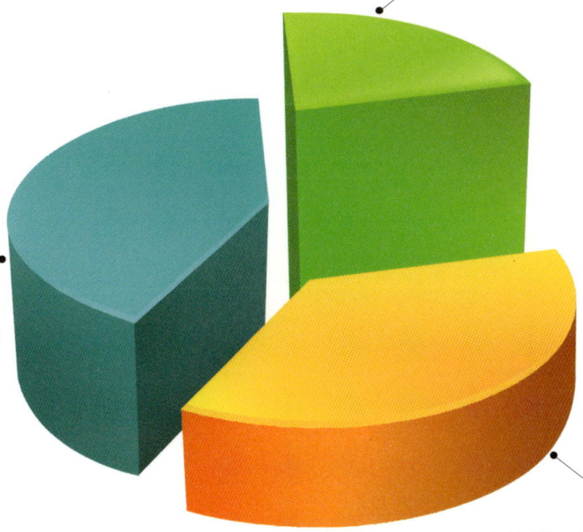

图1　货物和劳务税、所得税、财产和行为税等税收收入结构（2022年）

表2 税务部门组织社会保险费收入情况(2022年)

单位：亿元

项目	收入额	同比(%)
社会保险费	73764.28	10.4
基本养老保险费	48520.35	10.9
企业职工基本养老保险费	38769.30	11.5
城乡居民基本养老保险费	1344.54	14.6
机关事业单位基本养老保险费	8406.51	7.6
基本医疗保险费（含生育保险费）	22760.21	9.1
职工基本医疗保险费（含生育保险费）	19417.33	9.3
城乡居民基本医疗保险费	3342.88	7.8
失业保险费	1479.29	12.0
工伤保险费	981.78	14.0
职业伤害保障费	3.36	—
长期护理保险费	19.29	—

表3 税务部门组织非税收入情况(2022年)

单位：亿元

项目	收入额	占比(%)
非税收入	75100.03	—
其中：中央级收入	3442.98	4.6
地方级收入	71657.05	95.4
一般公共预算收入	8578.11	11.4
政府性基金预算收入	66197.89	88.2
国有资本经营预算收入	324.03	0.4

落实税费支持政策

认真落实党中央、国务院关于强化宏观政策跨周期和逆周期调节的工作部署，积极参与研究系列税费支持政策并切实抓好落实，特别是针对大规模增值税留抵退税政策落地要求高、时间跨度长、风险隐患多等特点，坚持“快退税款、狠打骗退、严查内错、欢迎外督、持续宣传”五措并举，创造性实施“多兵种、合成式、立体化”作战，加大政策宣传力度，迭代升级信息系统，推动各项政策快准稳好落实落细，坚决不让税费“红包”落入不法分子的“腰包”。2022年新增减税降费及退税缓税缓费超过4.2万亿元，其中，办理留抵退税24585亿元，超过2021年办理规模的3.8倍，为助企纾困发展、稳住宏观经济大盘、促进高质量发展发挥关键性作用。在税费政策有力支持下，企业经营压力有效缓解、发展后劲切实增强。税务总局组织对10万户重点税源企业调查显示，2022年企业每百元营业收入税费负担下降2.7%。2022年全国享受留抵退税政策的制造业退税企业购进金额同比增长8.2%，扩大再生产的信心增强。

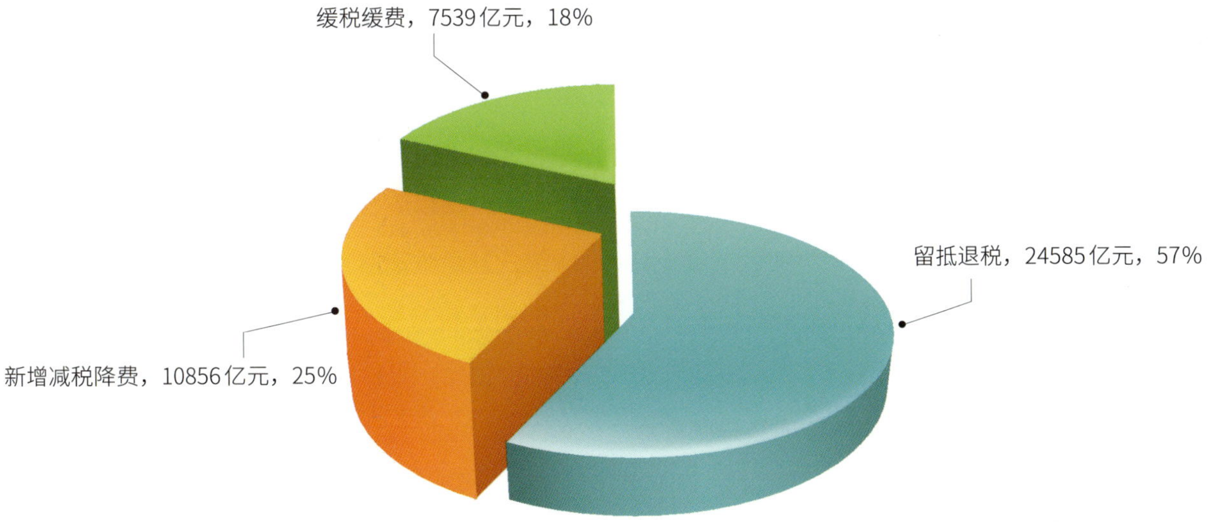

图2　新增减税降费及退税缓税缓费情况（2022年）

专栏2

“快退税款、狠打骗退、严查内错、欢迎外督、持续宣传”五措并举

“快退税款、狠打骗退、严查内错、欢迎外督、持续宣传”五措并举，是税务部门2022年在落实大规模增值税留抵退税政策中探索实施的一套科学工作策略。“快退税款”是指税务部门第一时间建立符合条件的纳税人清册，依托电子税务局加大政策精准推送力度，逐级建立政府领导牵头，财政、税务、人民银行等部门参加的专项工作机制，协调解决库款调度、政策口径、大额退税等难题，保障退税资金及时到位，提速税务和国库间电子退库，确保政策落实更快更便捷。“狠打骗退”是指税务部门依托税收大数据构建一体化风险防控机制，及时精准发现风险，分类快速应对处置，坚决不让退税“红包”落入不法分子的“腰包”。特别是税务、公安、检察、海关、人民银行、外汇管理六部门将打击骗取留抵退税纳入常态化打击虚开骗税工作机制，加大对团伙式、跨区域和恶意造假骗取留抵退税的打击震慑力度，坚持打早打小、露头就打，挽回税款损失155亿元。“严查内错”是指税务部门坚持刀刃向内，深入开展“一案双查”，严肃查处税务人员内外勾结、通同作弊骗取留抵退税等违纪违法行为，主动公布一批税务人员失职失责案例以及内外勾结骗税典型案件。“欢迎外督”是指税务部门主动接受各方监督，邀请各级人大代表、政协委员、政府特约监督员、税费服务体验师等开展“走流程、听建议”活动，开通税务官网“退税减税意见专线”，听取并响应意见建议9000余条。“持续宣传”是指税务部门加强多维度宣传解读，2022年通过13场新闻发布会、16轮立体式宣传以及开展“加长版”全国税收宣传月活动，发布和解读政策，展示政策落实成效，向纳税人点对点推送退税减税红利账单1177万份，引导社会预期，提振市场信心。

进一步深化税收征管改革

深入落实中办、国办2021年3月印发的《关于进一步深化税收征管改革的意见》，谋划形成从“经验管税”“以票管税”到“以数治税”的智慧税务蓝图，加快推进税收治理数字化升级和智能化改造。优化完善电子发票服务平台，有序推广全面数字化的电子发票，成为继数字人民币之后推动我国经济社会数字化转型的又一重大举措。构建全国统一规范的新电子税务局，着力实现数字化、智能化、场景化应用。深入推进法人税费信息“一户式”、自然人税费信息“一人式”、税务机关信息“一局式”、税务干部信息“一员式”智能归集，持续提升税费数据治理能力。探索构建税务部门与大企业间“总对总”“系统对集团”“网络对网络”的管理服务新模式，进一步提升关键税源治理能力和水平。利用增值税发票等数据，开展经济运行情况分析，税务总局全年上报311篇分析报告，各级税务局向本级党委政府报送分析报告2万余篇，为统筹疫情防控和经济社会发展提供决策参考。

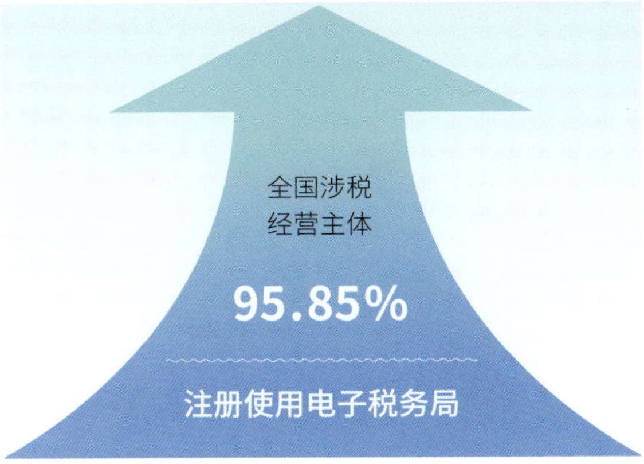

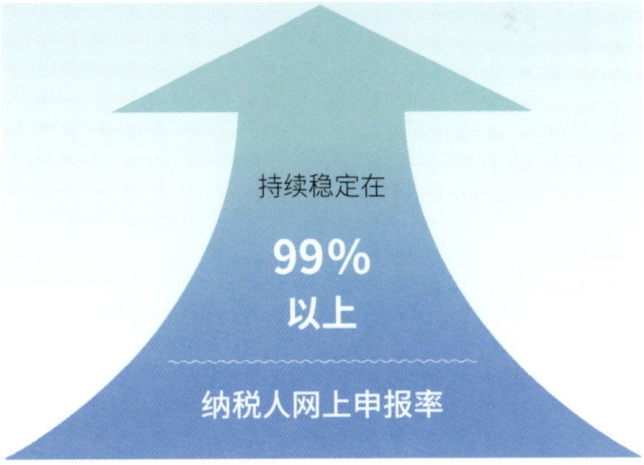

图3　电子税务局情况

优化办税缴费服务

连续第9年开展“便民办税春风行动”，围绕“智慧税务助发展·惠企利民稳增长”主题，分三批接续推出并认真落实5大类20项121条便民服务举措。大力推进数字化税费服务，“非接触式”办理覆盖主要办税缴费事项，建立涵盖9大类4219个税费政策的标签体系，2022年累计向4.75亿户（次）纳税人缴费人精准推送优惠政策，有力促进系列税费支持政策高效落地。积极开展世界银行营商环境新评估体系研究，推动国务院营商环境创新试点涉税任务落实，经国务院评估，将16项涉税改革措施中的12项推向全国。联合全国工商联开展助力小微市场主体发展“春雨润苗”专项行动，推出4大类主题活动12项措施；联合工信部积极开展以“纾困解难·助力发展”为主题的中小企业服务月活动，持续为纳税人缴费人特别是小微企业提供更加智能化、精细化的服务。认真做好“税银互动”各项工作，助力小微企业全年获得银行信用贷款2.25万亿元，同比增长33.9%。第三方调查结果显示，2022年纳税人满意度提高至89.2分；全国工商联发布的2022年度万家民营企业评营商环境调查显示，税费缴纳便利度连续3年成为政务环境评价中满意度最高的事项。

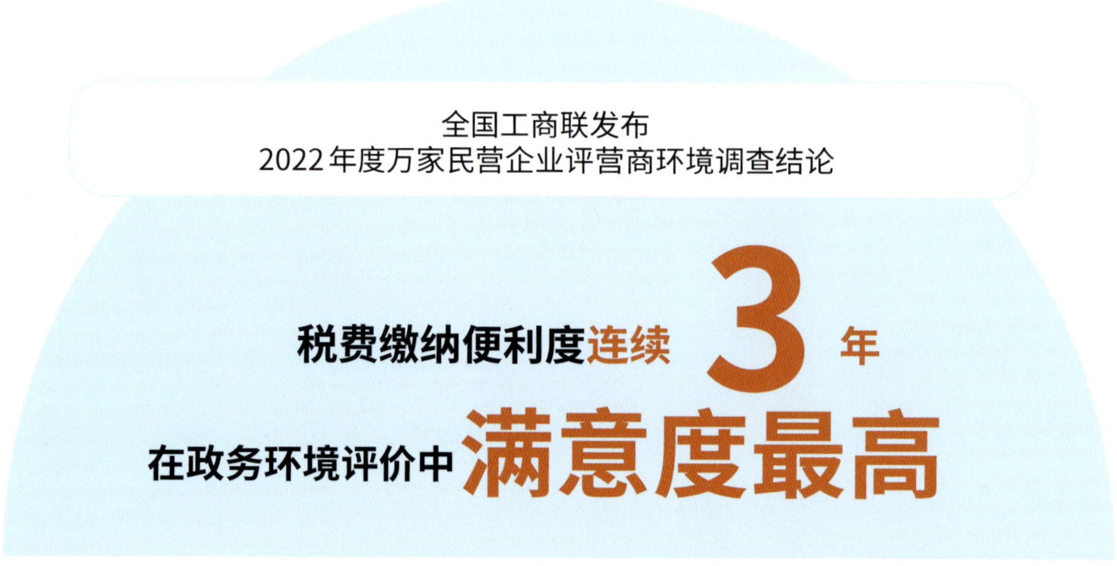

图4　近年纳税人缴费人满意度持续提升情况

专栏3

“便民办税春风行动”

自2014年以来，税务总局连续9年开展“便民办税春风行动”，相继推出539条便民办税服务措施，促进全国纳税人满意度稳步提升、获得感持续增强，中央党史学习教育领导小组办公室将“便民办税春风行动”列为党史学习教育优秀案例。2022年，税务总局以“智慧税务助发展·惠企利民稳增长”为主题，继续深入开展“便民办税春风行动”，分三批推出5大类20项121条措施，为纳税人缴费人办实事解难题，以递进式服务、连发型税惠释放动能，使纳税人缴费人办事更便捷、更暖心。

专栏4

助力小微市场主体发展“春雨润苗”专项行动

2021年，税务总局联合全国工商联开展“春雨润苗”专项行动，聚焦小微企业发展，推出一系列针对性服务举措。2022年，以深入推进落实各项新的组合式税费支持政策，助力经营主体增信心、强创新、解难题为抓手，继续联合开展助力小微市场主体发展“春雨润苗”专项行动，推出“政策暖心”“服务省心”“解难舒心”“护助可心”4大类主题活动12项服务措施。各地税务机关累计面向小微企业和个体工商户开展“滴灌式”税费支持政策宣传辅导活动9.7万余场次、惠及纳税人缴费人2200万余户次。

专栏5

“税银互动”

为缓解小微企业融资难问题，税务总局从2015年起就联合银监会在全国范围开展“税银互动”，将纳税信用转化为企业的融资信用，小微企业免抵押即可获得信用贷款。特别是新冠肺炎疫情期间，各级税务部门进一步加强与银保监部门和银行的协作，对受疫情影响较大行业的小微企业推出了更具针对性的措施。同时，在信贷风险可控的前提下适当放宽参与“税银互动”纳税人的纳税信用条件，最大限度保障企业复工复产资金链不断。2022年，全国守信小微企业通过“税银互动”获得银行贷款金额2.25万亿元，同比增长33.9%。

加强税收监管和税务稽查

深化实施“信用+风险”动态监管，分类开展差异化服务和精准监管，着力实现监管效能最大化、对纳税人打扰最小化。深化以风险为导向的“双随机、一公开”监管，加大对重点税源企业随机抽查工作力度。积极推进税收共治，持续健全六部门联合打击虚开骗税常态化工作机制，严厉打击骗取留抵退税等行为。2022年共检查涉嫌虚开企业20.27万户，涉及税额1353.10亿元；检查出口企业2144户，挽回税款损失73.21亿元。配合公安机关对8339名犯罪嫌疑人采取强制措施，903名犯罪嫌疑人投案自首。深入整治税收征管中代开增值税发票等顽瘴痼疾，及时堵塞征管漏洞。扎实推进文娱领域、网络直播行业税收监管，先后查处并曝光一批重大偷逃税案件，并探索形成对高收入、高净值人员税收监管的提示提醒、督促整改、约谈警示、立案稽查、公开曝光“五步工作法”，实现执法力度和温度的有机统一，取得良好的综合效果。

专栏6

“五步工作法”

在2021年严肃查办郑爽、黄薇等影视明星和网红主播偷逃税案件，扎实推进文娱领域、网络直播行业税收监管的基础上，逐步探索形成针对重点人员的提示提醒、督促整改、约谈警示、立案稽查、公开曝光“五步工作法”，即在税收大数据分析的基础上，对于可能存在涉税风险的纳税人先提示提醒、再督促整改、后约谈警示，对仍不配合的纳税人立案稽查，对立案案件中部分情节严重、影响恶劣的查处后公开曝光，实现提升打击精确度、降低执法成本、形成强力震慑的综合效果。

专栏7

多部门常态化打击虚开骗税工作机制

2018年8月以来，联合公安、海关、人民银行开展打击“假企业”“假出口”“假申报”专项行动，有效规范了一些重点领域、重点地区税收秩序，农副产品、废旧物资等虚开骗税高风险行业案发率明显下降。在此基础上，邀请最高人民检察院和国家外汇管理局加入工作机制，从四部门间临时性工作机制转变为六部门常态化工作机制，实现打击“三假”从集中打击向常态化打击转变。2023年6月，最高人民法院也加入了这一机制。

图5 打击“三假”成效（2018年8月至2022年底）

服务国家重大发展战略

联合商务部、海关总署等十部门制发《关于进一步加大出口退税支持力度 促进外贸平稳发展的通知》，推动全国办理正常出口退税的平均时间压缩至6个工作日内，一、二类出口企业平均办理时间压缩至3个工作日内，有效助力外贸企业纾难解困、平稳发展。与浙江省政府联合签订推进浙江高质量发展建设共同富裕示范区合作协议，打造税收服务高质量发展推动共同富裕的浙江样本。指导东北、西部及粤港澳大湾区相关省税务局出台加强税收征管和服务一体化若干措施，积极助力区域协调发展。落实海南自由贸易港、横琴粤澳深度合作区、南沙先行启动区、上海临港新片区等区域性税收优惠政策，促进区域协调发展，助力打造改革开放新高地。

国家税务总局和浙江省人民政府共同推出4大类13项举措，努力打造税收服务高质量发展推动共同富裕的浙江样本

加强国际税收交流合作

积极开展多双边税收交流合作，推动中国—OECD联合培养税务法学硕士项目落地实施，开创国际税收领域中外合作办学先河；成功主办金砖国家税务局长会议，中国税务

部门的智能化个人所得税汇算清缴、税收宣传月和税务海关转让定价协同管理机制等做法入选首批9个“金砖税务最佳实践”案例；与意大利、哈萨克斯坦、印度、伊朗等国税务部门开展工作层面专题交流，增进互学互鉴。深度参与OECD“双支柱”方案的设计与谈判，积极表达中国立场、贡献中国意见，推动各国共同营造有利于跨国企业全球化发展和世界经济平稳复苏的国际税收环境。协助阿尔及利亚税务部门成功举办第三届“一带一路”税收征管合作论坛，来自40个国家（地区）的财政部长、税务局长或代表以及12个国际组织高级官员和业界代表近300人以线上线下相结合的方式出席论坛。论坛发布《第三届“一带一路”税收征管合作论坛联合声明》等六项重要成果。

表4　税务部门对外交流情况（2022年）

国家（地区）
日本、韩国、沙特阿拉伯、印度、新加坡、伊朗、哈萨克斯坦、土库曼斯坦、荷兰、法国、意大利、阿尔及利亚、格鲁吉亚、塞拉利昂、中国香港、中国澳门

专栏8

“一带一路”税收征管合作机制

“一带一路”税收征管合作机制成立于2019年4月，是由中国首倡发起、各方共同建立的多边合作机制，秘书处设在中国。三年多来，合作机制秉持开放包容精神，通过开展多形式、多层次、多议题的活动，为共建“一带一路”国家税务部门交流提供线上线下平台，推动各方共同提高税收征管能力建设水平，为消除跨境贸易和投资障碍、促进区域协调发展和经济全球化包容性增长贡献税务力量。截至2022年底，合作机制先后举办三届合作论坛，理事会成员已增加至36个，观察员增加至30个。

专栏 9

中国—OECD联合培养税务法学硕士项目

联合培养项目是中国与OECD在税收领域深化合作的最新成果，开创了中国与OECD在专业领域合作开展学历学位教育的先河，旨在帮助中国和其他发展中国家培养熟悉国际税收规则、具备专业知识背景的高素质复合型人才，推动全球税收治理体系建设。该项目由税务总局与OECD协商发起，会同财政部与厦门大学合作开展，于2022年开始招生，首期录取19名学员，其中国内学员9人、来自发展中国家财税部门的国外学员10人，未来将颁发具有国际影响力的学历学位证书。

推进全面从严治党和税务干部队伍建设

认真贯彻落实党中央关于推进全面从严治党和加强干部队伍建设的部署要求，切实加强税务部门自身建设，持续巩固“六位一体”税务系统全面从严治党新格局，层层传导压力，厚植严的氛围。严格执行中央八项规定及其实施细则精神，持续加大监督执纪问责力度。坚持正确的选人用人导向，大力培养使用年轻干部，推动各级税务局领导班子结构更趋合理。持续升级数字人事系统，不断优化考核功能，对绩效管理运行情况及改进重点等进行全面梳理，修订《国家税务总局绩效考评结果运用办法》，突出严抓严管。进一步推动数字人事和绩效管理贯通衔接、融合互促，着力提升“机生机汇机考”水平，更好激发干部队伍活力动力。始终把青年工作作为战略性工作来抓，研究制定并深入推进税务青年工作高质量发展三年行动计划，引导和激励广大税务青年努力成为税收现代化服务中国式现代化的奋进者、开拓者、奉献者。推出《中共国家税务总局委员会关于进一步加强新时代税务人才工作的意见》，部署实施素质提升“2271”工程，积极构建税务人才队伍新体系。持续深化“学习兴税”平台应用，组织开发满足不同级别不同岗位干部需要的学习资源。

专栏 10

“六位一体”税务系统全面从严治党新格局

2021年，税务总局党委明确构建“六位一体”税务系统全面从严治党新格局，即“政治建设一体深化、两个责任一体发力、综合监督一体集成、党建业务一体融合、约束激励一体抓实、组织体系一体贯通”，引领保障高质量推进新发展阶段税收现代化。2022年，税务总局党委认真落实党的二十大部署要求，对标习近平总书记重要指示精神，着力将“六位一体”税务系统全面从严治党新格局优化提升为税务系统全面从严治党体系。

专栏 11

学习兴税

按照习近平总书记关于崇尚学习、加强学习的重要指示精神，税务总局结合税务系统管理垂直化、业务同质化等特点，自2020年以来，高质量推进学习兴税平台建设，创新建立一整套“学测用评”制度体系，通过日常学、日常练，引导全系统加强政治理论和税收业务学习，探索通过在线方式将干部学习教育融入日常、融入工作的新路子，并分步在全国税务系统全面推开。逐步拓展学习兴税平台功能，加大学习资源建设力度，建设形成面向不同人才类型、不同业务领域的学习资源库。截至2022年底，学习兴税平台用户量达70余万人，日活跃用户最高达16万人。

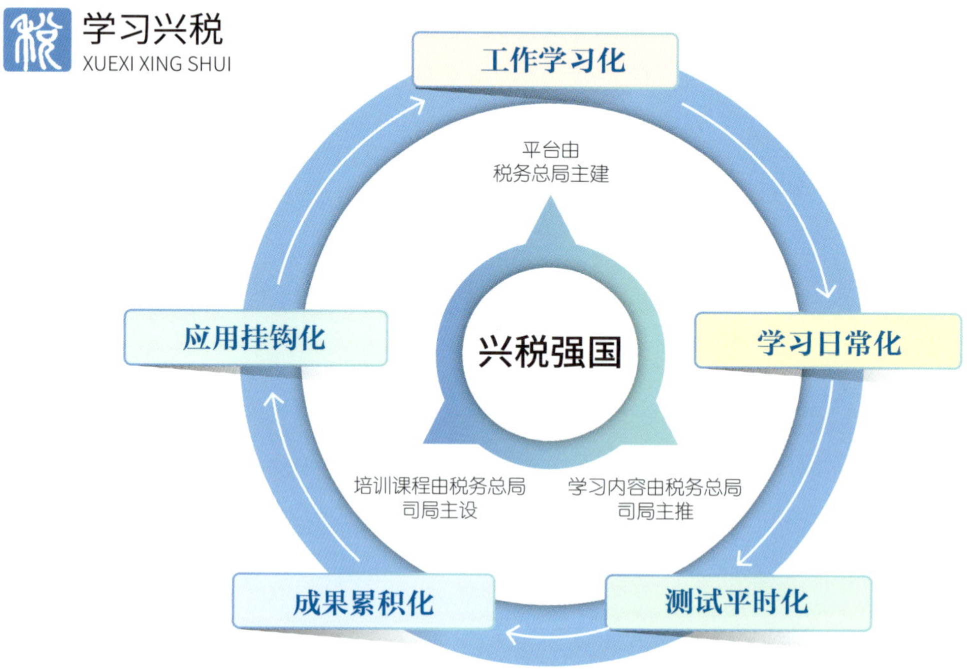

图6 学习兴税平台功能和应用

专栏12

素质提升“2271”工程

近年来，税务总局着力打造“金字塔”式人才梯队，建设一支高素质专业化税务人才队伍。2022年，税务总局全面贯彻习近平总书记关于新时代人才工作的重要思想和中央人才工作会议精神，根据新时代税收现代化需要，在继承和发扬素质提升“1115”工程的基础上进行提档升级，部署实施素质提升“2271”工程，着力构建由200名左右战略人才、2000名左右领军人才、7万名左右业务标兵和1万名左右青年才俊构成的税务人才队伍新体系。

新时代十年
中国税务发展主要成效

- 党对税收工作的领导全面加强
- 组织收入工作实现历史性突破
- 落实减税降费取得显著成效
- 现代化税收制度体系基本形成
- 税费治理效能实现跨越式提升
- 税收大数据体系建设与应用深入推进
- 税收营商环境不断优化
- 税务执法与税收监管全方位改进
- 国际税收交流与合作持续深化
- 忠诚干净担当的税务铁军进一步锻造

党的十八大以来的十年，是中国特色社会主义进入新时代的十年，也是税收现代化建设持续向前挺进的十年。十年来，国家税务总局坚决贯彻落实党中央、国务院决策部署，结合税务部门特点，以“提升站位、依法治税、深化改革、倾情带队”为基本思路，不断丰富完善以构建“六大体系”为主要任务、以增强“六大能力”为有力保障的新时代税收现代化总体目标，探索形成“抓好党务、干好税务、带好队伍”3大方面15项工作机制，并建立健全360余项工作制度、形成系列工作方法，最终构建起一套税务系统强党治税带队工作体系。依托这一工作体系，税务部门克服工作任务倍增而机构精减、服务对象激增而编制缩减的“两增减”困难矛盾，实现服务国家治理能力明显提升、干部队伍素质活力明显提升的“两提升”可喜局面，以钉钉子精神扎实推动新时代税收现代化不断迈上新台阶，为党和国家事业发展作出积极贡献。

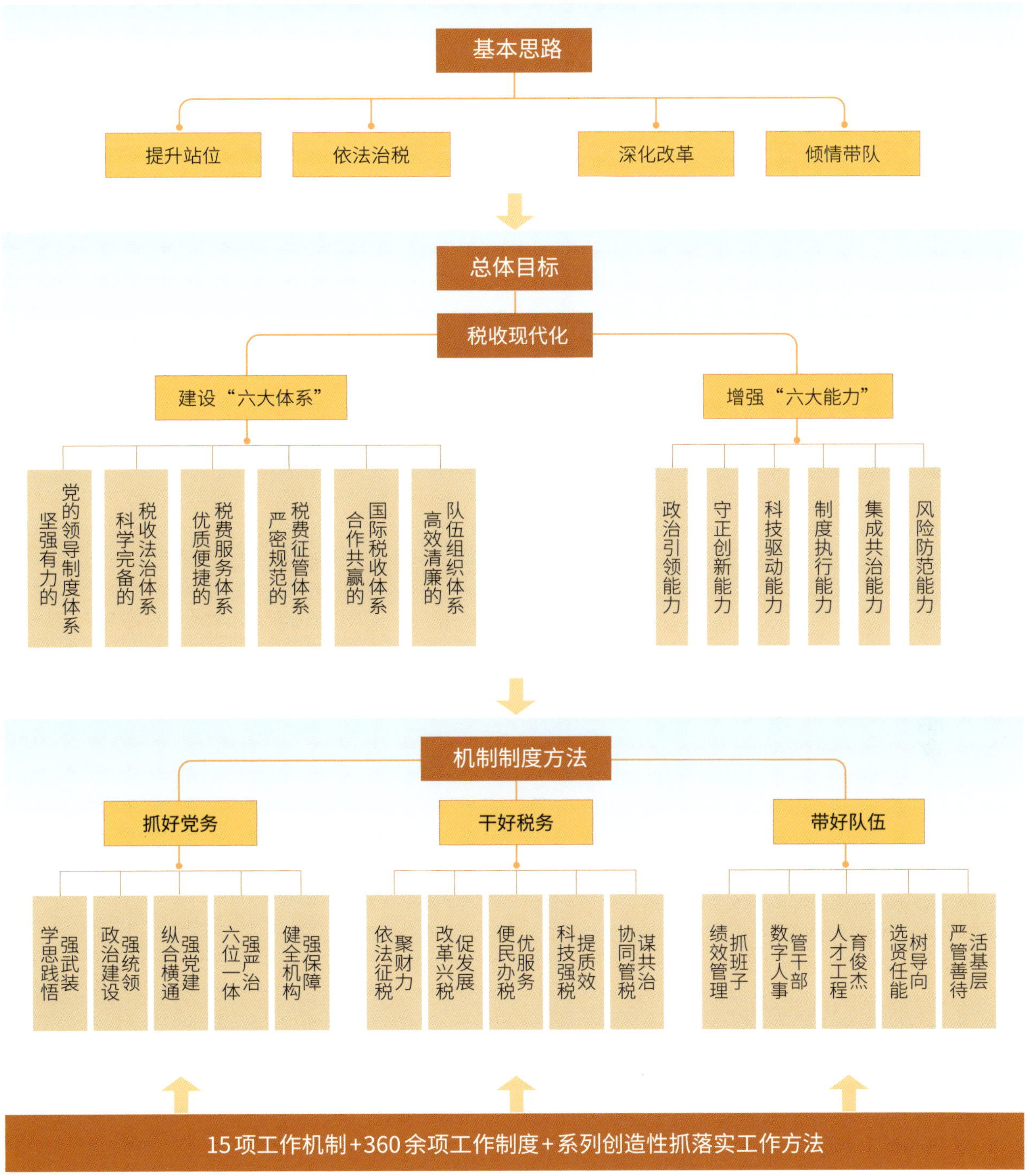

图7　税务系统强党治税带队工作体系

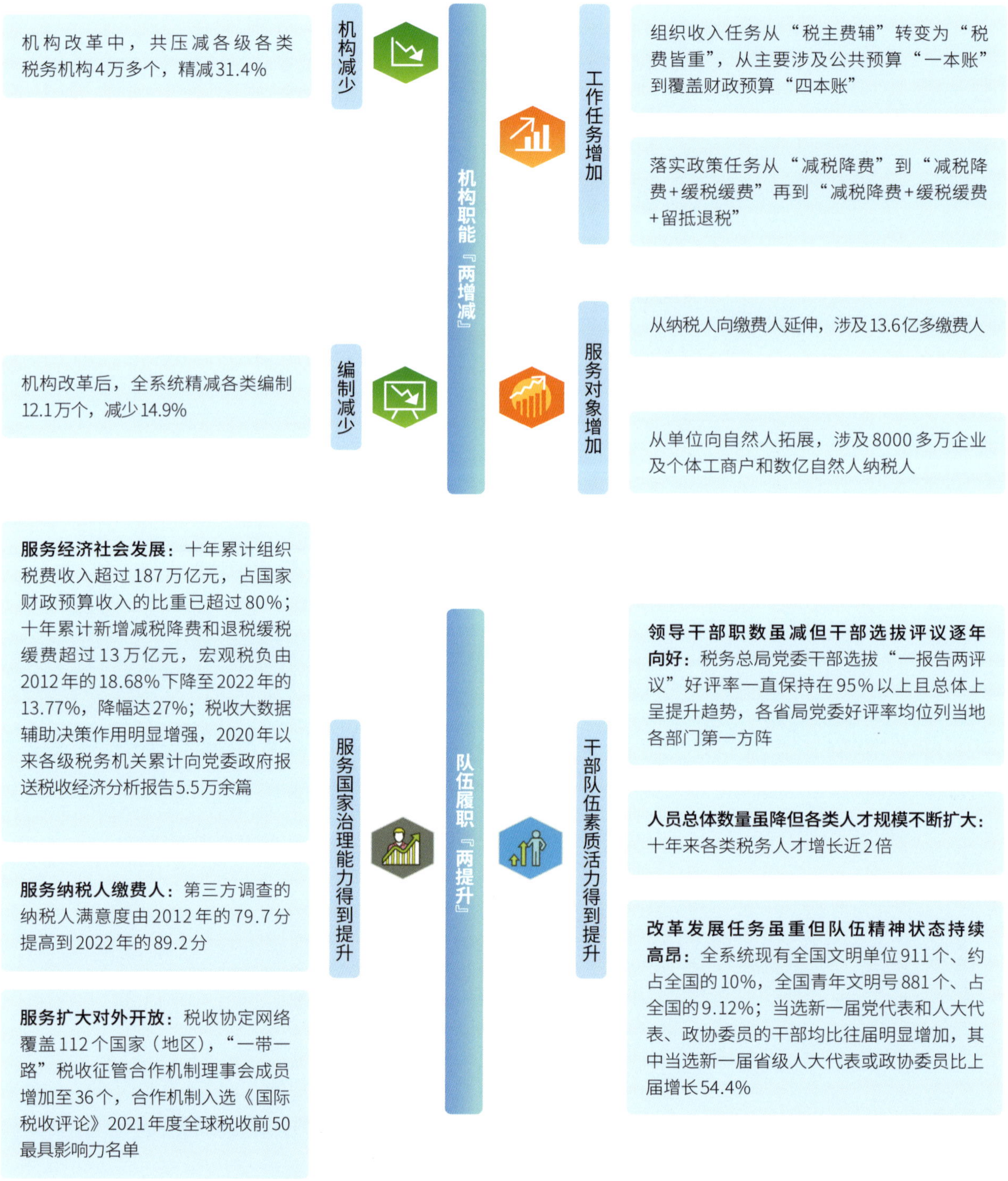

图8　近年来税务系统机构职能增减变化及履职成效概要

党对税收工作的领导全面加强

坚决做到党中央有部署、税务部门见行动，把学习贯彻习近平新时代中国特色社会主义思想作为首要政治任务，把落实习近平总书记重要讲话和重要指示批示精神作为“第一要事”，不断健全“学习研究、任务部署、办理落实、跟踪问效、督考推进、持续深化”闭环机制，确保件件落地落细。持续完善税务部门党的领导制度体系，2018年国家税务总局党组改设党委，成立党委办公室、党委组织部、党建工作局（党委宣传部）；各级税务局党组也均改设党委，设立专门机构，充实工作力量，进一步强化党对税收工作的全面领导。针对税务部门党建工作存在的“两边管、两难管”问题，探索建立“纵合横通强党建”机制制度体系并持续改进完善，充分凝聚起系统上下、部门内外齐抓共管税务党建的强大合力。

组织收入工作实现历史性突破

在减税降费规模不断扩大的情况下，始终坚持依法依规征税收费，不仅连年完成国家预算确定的收入目标，而且收入质量稳步提高，尤其是违规征收“过头税费”的越来越少。同时，积极稳妥推进社保费和非税收入划转改革，圆满完成改革任务。2013—2022年，税务部门每年组织税收收入（未扣除出口退税）先后突破10万亿元、15万亿元大关，十年累计征收140万亿元，加上征收的社保费和非税收入，累计近187万亿元，保障国家财力的作用进一步凸显。

强化党对税收工作全面领导的组织体系

- 经中央批准，2018年机构改革后各级税务局党组改设党委
- 在税务总局成立党委办公室、党委组织部，分别与办公厅、人事司合署办公，省局也成立相应机构；成立党建工作局，加挂党委宣传部和巡视工作办公室牌子
- 在省局成立党建工作处，并整合巡察工作力量，在市局成立党建工作科，在县局实行机关党委与党建工作股合署办公
- 在省局、市局、县局党委设立纪检组，省局党委纪检组设置综合监督室、纪律审查室、信访审查室，市县局设置相应岗位

健全“纵合横通强党建”的机制制度

- 2018年机构改革前，按照“条主动、块为主，两结合、互为补，抓党建、带队伍”的思路，初步探索形成“纵合横通强党建”的机制制度
- 2018年机构改革后，按照“条主责、块双重，纵合力、横联通，齐心抓、党建兴”的思路，不断健全完善“纵合横通强党建”的机制制度

构建“六位一体”税务系统全面从严治党新格局

- 政治建设一体深化
- 两个责任一体发力
- 综合监督一体集成
- 党建业务一体融合
- 约束激励一体抓实
- 组织体系一体贯通

深化税务系统纪检监察体制改革

- 2019年从税务总局机关纪委和3个省级局及所属部分市级、县级局开始改革试点
- 2020年改革试点扩展到21个省级局
- 2021年改革试点扩大到全部省级局及各自所属的1个市级局
- 2022年上半年改革试点扩大到全部市级局
- 2022年下半年改革扩大到全部县级局，实现全覆盖

完善一体化综合监督体系

- 党委全面监督
- 纪检机构专责监督
- 接受地方党政机关监督
- 部门职能监督
- 党员和群众民主监督
- 党的基层组织日常监督
- 接受社会监督

图9　加强党对税收工作的全面领导和税务系统全面从严治党情况

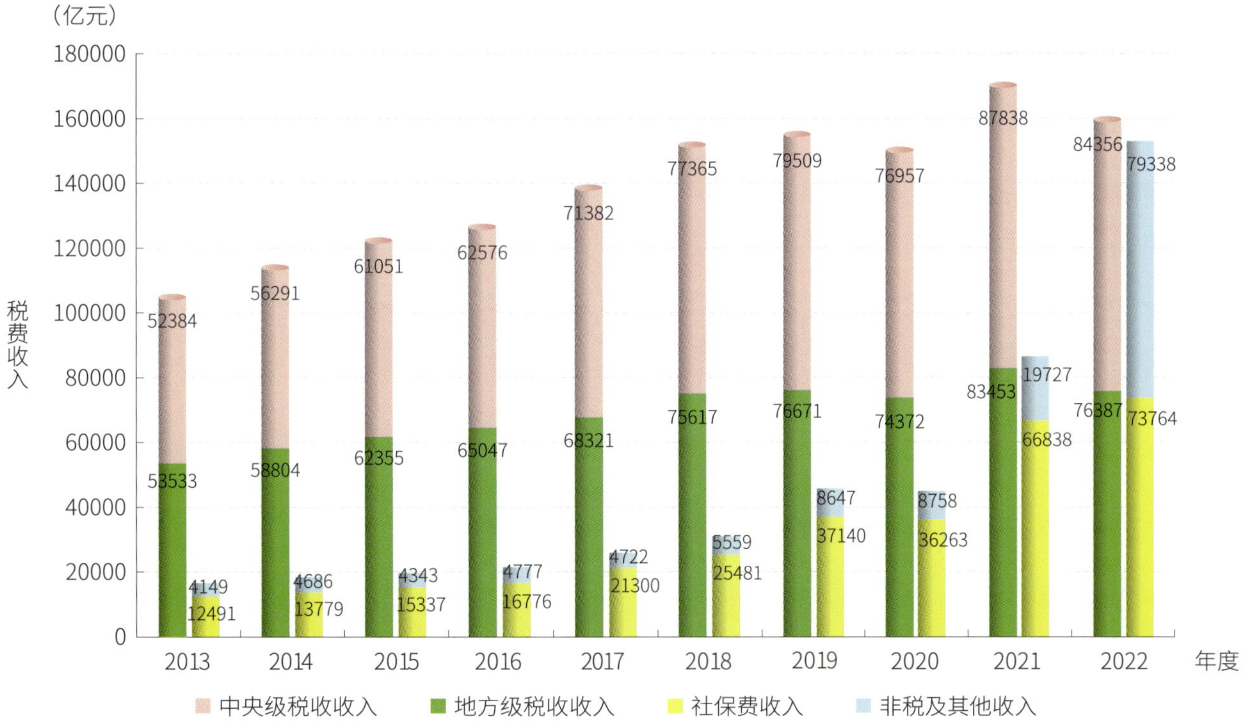

图10　党的十八大以来税务部门组织税费收入情况

注：2013—2022年累计组织税费收入186.8万亿元，其中税收收入140.4万亿元(不含海关代征，未扣除出口退税，其中中央级71.0万亿元，地方级69.5万亿元)，社保费收入31.9万亿元，非税及其他收入14.5万亿元。2022年税收收入比上年减少，主要是当年新增减税及留抵退税33402亿元，比上年增加17048亿元，增长近1倍。

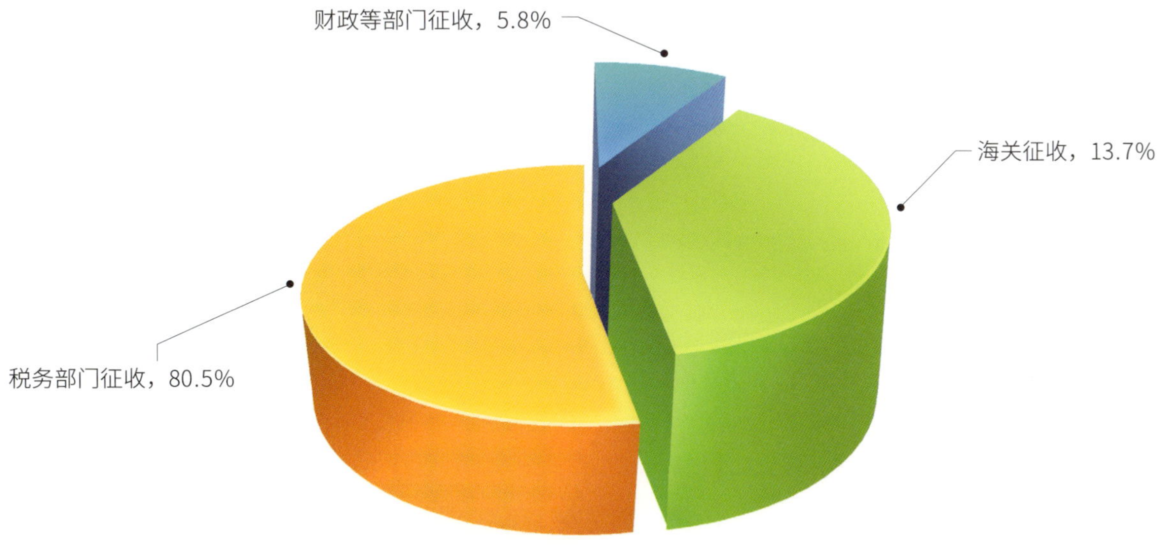

图11　国家财政“四本预算”分部门征收情况(2022年)

落实减税降费取得显著成效

运用税收大数据深入开展税费优惠政策效应分析及测算论证，主动提出多方面优化完善建议，持续不断为推动高质量发展提供政策支持。坚决扛牢政策落实“主攻手”责任，从“减税降费”到“减税降费＋缓税缓费”再到“减税降费＋缓税缓费＋留抵退税”，努力克服每一轮政策落实都面临时间紧、工序多、任务重、要求高所带来的挑战，先后探索实施“短平快优九个一”工作法以及“快退税款、狠打骗退、严查内错、欢迎外督、持续宣传”五措并举工作策略，创造性推动政策快准稳好落实，为稳住宏观经济大盘作出积极贡献。习近平总书记先后两次在新年贺词中对减税降费工作给予肯定。2013—2022年，累计新增减税降费和退税缓税缓费超过13万亿元。

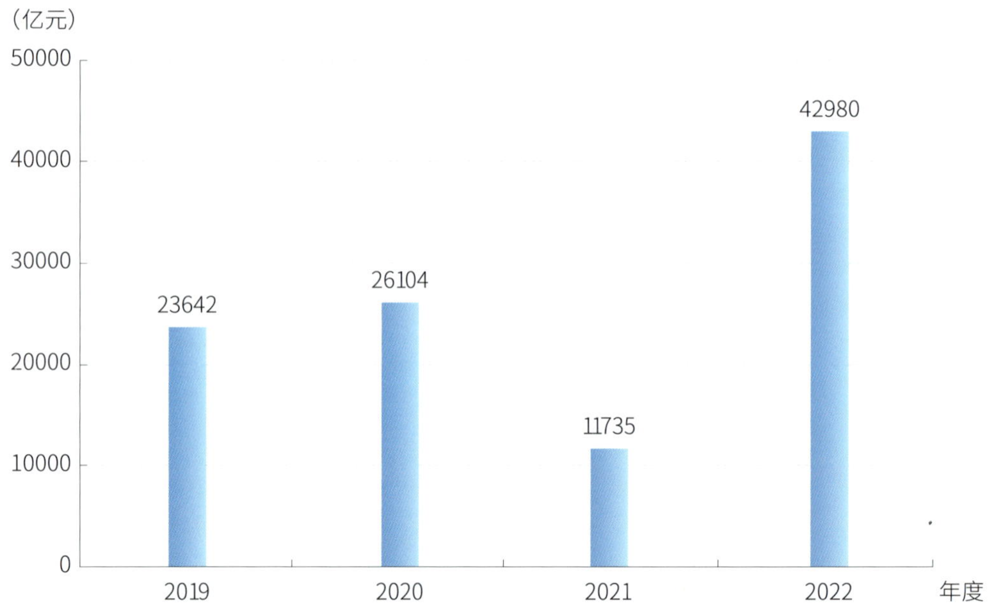

图12　税务部门办理新增减税降费及退税缓税缓费情况（2019—2022年）

现代化税收制度体系基本形成

按照党中央、国务院部署，一方面，积极推动一批税收法律法规相继出台，现行18个税种中已有12个完成立法，其中有9个是党的十八大以来完成的，《中华人民共和国增值税法（草案）》已经全国人民代表大会常务委员会审议后向全社会公开征求意见，税收法治建设在立改废并举中实现重大进展。另一方面，着力推动一批重大税制改革取得突破性进展，历经多步渐次推进的增值税改革平稳落地；涉及纳税人全球最多的综合与分类相结合的个人所得税改革稳妥实施，且依托信息化手段推动综合所得汇算清缴办理更加简便快捷，大大减轻了纳税人负担；多税共治、多策组合的绿色税制体系初步构建起来，有力促进我国经济“含绿量”不断提升。

增值税改革

第一步 2012年至2013年，在交通运输业和部分现代服务业启动营改增试点，逐渐由上海市扩大至全国。

第二步 2014年，将铁路运输和邮政业纳入试点，6月1日将电信业纳入试点。

第三步 2016年，全面推开营改增试点，将建筑业、房地产业、金融业和生活服务业纳入试点。

第四步 2017年，实施增值税税率“四并三”改革，将17%、13%、11%、6%四档简并至17%、11%、6%三档。

第五步 2017年，废止《中华人民共和国营业税暂行条例》，同时对《中华人民共和国增值税暂行条例》进行修订。

第六步 2018年，推出增值税改革三项措施：一是降低增值税税率，形成16%、10%、6%三档税率结构；二是统一将小规模纳税人的年销售额标准提高到500万元；三是对装备制造业等先进制造业、研发等现代服务业符合条件的企业和电网企业试行一次性留抵退税。

第七步 2019年，推出增值税四项改革措施，一是进一步降低增值税税率水平，形成13%、9%、6%三档税率结构；二是扩大进项税抵扣范围；三是正式建立留抵退税制度；四是推出阶段性加计抵减政策。

第八步 2020年，推出疫情期间阶段性减免增值税政策。

第九步 2021年，对月销售额15万元以下小规模纳税人阶段性免征增值税。

第十步 2022年，对小规模纳税人适用3%征收率的应税销售收入阶段性免征增值税。

第十一步 2022年，对制造业、批发和零售业等行业以及小微企业实行全额留抵退税。

图13　增值税改革历程

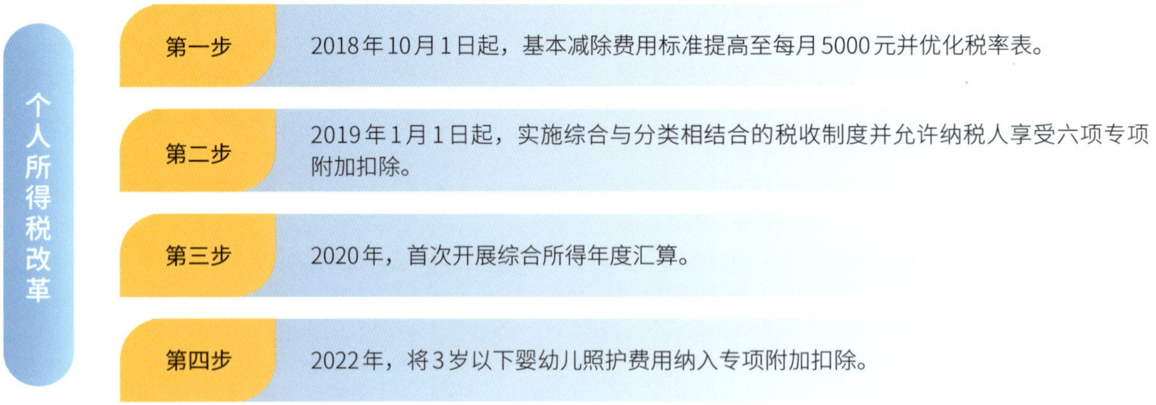

图14 个人所得税改革情况

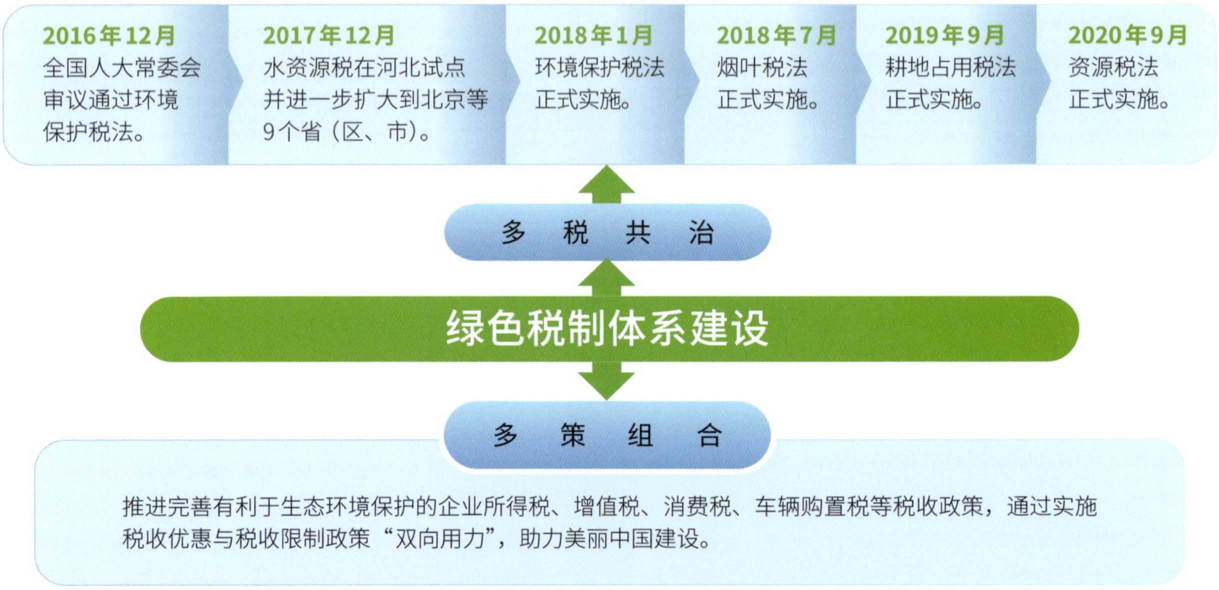

图15 绿色税制体系建设情况

税费治理效能实现跨越式提升

认真贯彻落实党中央、国务院关于深化税收征管体制和征管改革的部署，2015年聚焦面向纳税人的“合作”，实现纳税人“进一家门、办两家事”；2018年聚焦面向税务人的“合并”，坚持整体性设计、分层级落实、机制化推进、挂图式作战、模板式操作、全程式督考、跟进式培训，千方百计确保整个改革合得快、并得稳、转得畅、震动小，圆满完成省级及以下国税地税机构“并身”，并用三年时间实现从“并身”到“瘦身”，从“瘦身”到“健身”再到“强身”的发展；2021年以来聚焦面向未来的“合成”，着力发挥现代科技和数据赋能的倍增效应，推动税收领域深层次、全方位变革，推进执法、服务、监管的系统性优化，党务、政务、业务工作的整体性聚合，制度规范、业务流程、信息技术、岗责体系的一体化融合，实现以“合”促“成”的化学反应。特别是主动对标OECD税收征管论坛（FTA）税收征管3.0及各国智慧税务建设的先进理念和成功经验，锚定建成具有高集成功能、高安全性能、高应用效能，国内领先、国际一流的智慧税务，着力推动税收征管方式从“收税”到“报税”再到“算税”，税收征管流程从“上机”到“上网”再到“上云”，税收征管效能从“经验管税”到“以票控税”再到“以数治税”，不断提高税费治理效能和服务国家治理效能。

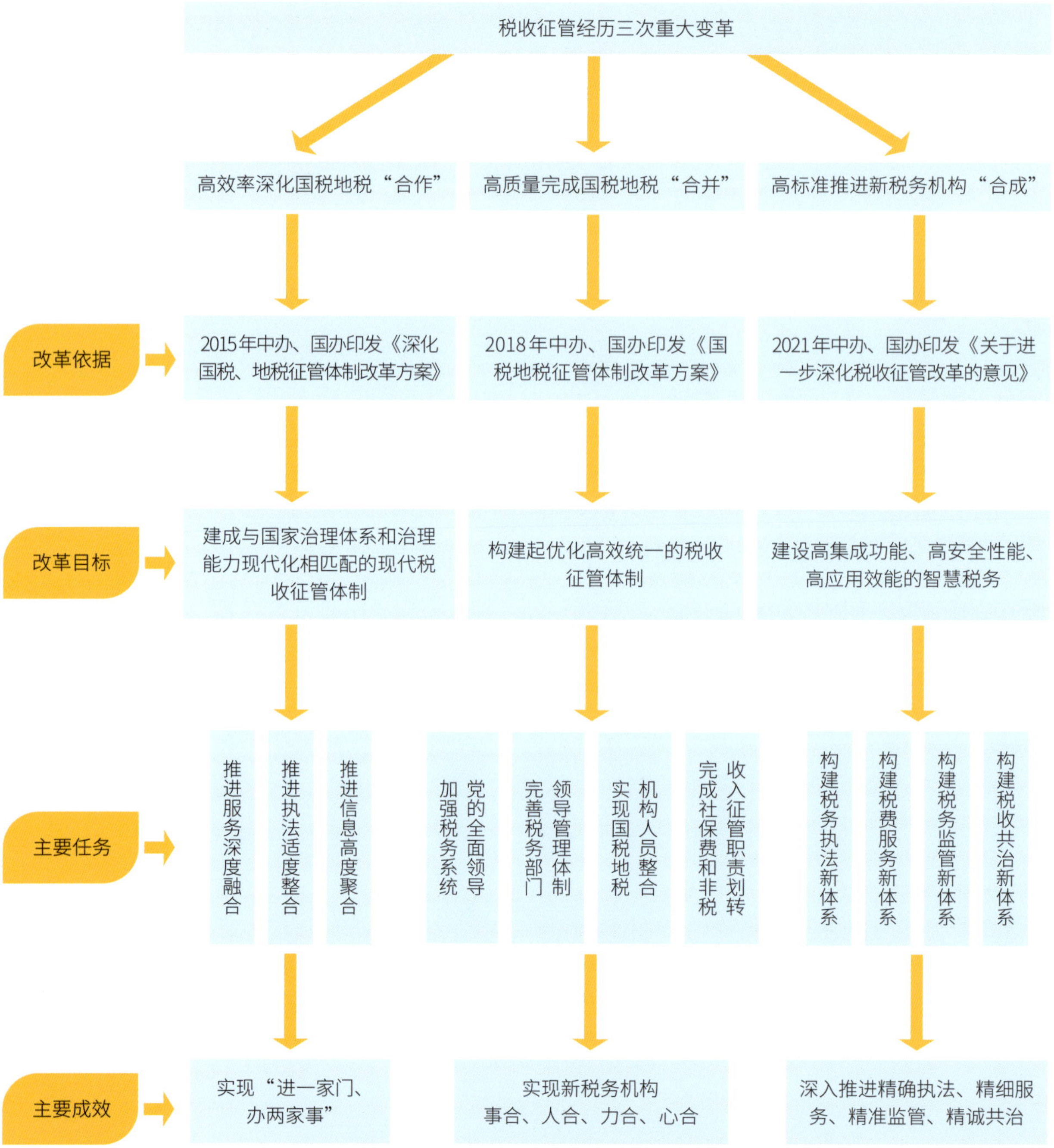

图16 党的十八大以来深化税收征管改革情况

税收大数据体系建设与应用深入推进

全面建立并完善“供要管用”税费数据治理体系，搭建起我国最大的政务数据云平台，汇聚税费收入等十几类超过10PB的数据，实现税收大数据由“散”到“统”、由“统”到“融”、由“融”到“活”的跨越式提升。持续深挖税收大数据“金山银库”，对标国家统计标准，结合税务实际，构建税收统计指标和标准体系；坚持以分析产品为导向，研究构建新统计分析体系；对标“国之大者”，紧扣领导关切，持续不断推出分析拳头产品。税收分析从无到有、从弱到强，分析时效显著提升，产品影响持续扩大，服务经济社会高质量发展更加有为。2020年以来，各级税务机关累计向各级党委政府报送分析报告5.5万余篇，很多都得到批示肯定，且相当一部分被批转给有关部门研究借鉴。

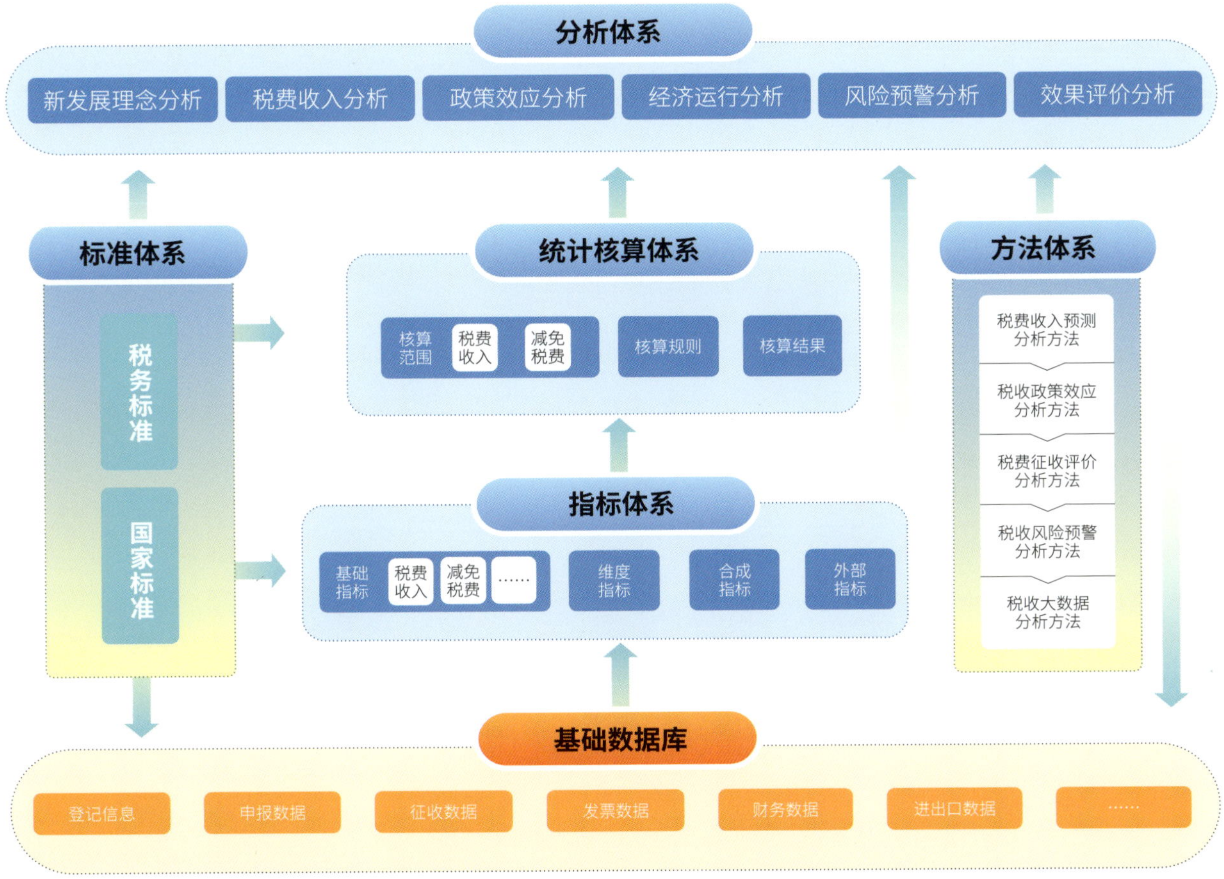

图17　税收新统计分析体系架构

图18 开发上线“全国纳税人供应链查询功能”

税收营商环境不断优化

自2014年以来，连续9年部署开展“便民办税春风行动”，税务总局层面推出539项创新服务举措，各地各级税务部门细化推出4.1万余条配套措施，推动96%的税费事项实现网上办理，纳税人网上申报率持续稳定在99%以上，社保缴费“网上办”“掌上办”，税费服务从线下为主向线上和线下并重转变、从受理咨询式政策服务为主向主动推送式政策服务为主转变、从共性服务为主向注重个性服务转变、从注重程序性服务向更加注重权益性服务转变。税务部门自2020年11月起开始接受纳税人缴费人“好差评”，在办件量远超大多数部门的情况下，2021年、2022年好评率均达99%以上，名列前茅。

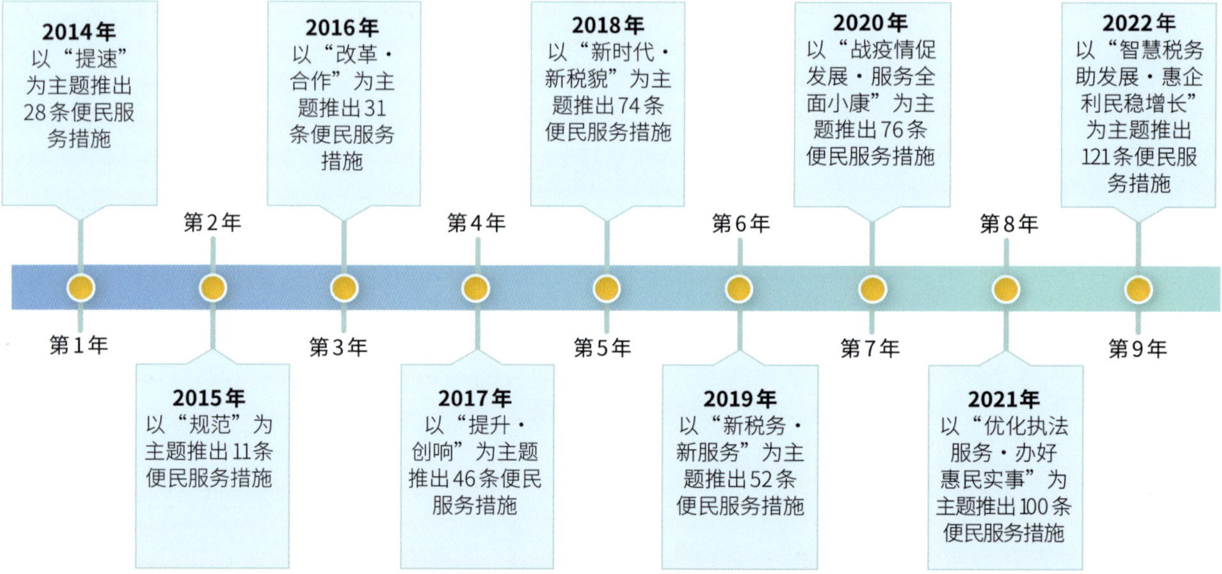

图19 连续9年开展“便民办税春风行动”情况

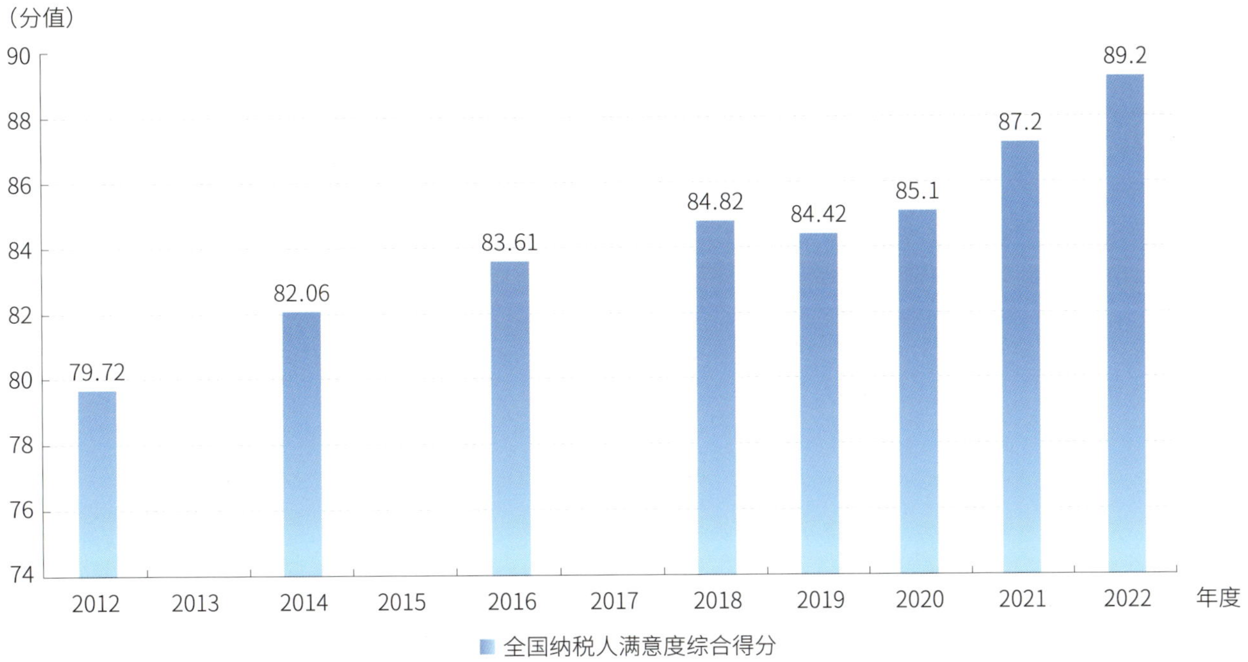

图20　全国纳税人满意度综合得分情况（2012—2022年第三方调查结果）

税务执法与税收监管全方位改进

分两批设立6个驻各地特派员办事处，不断改进和优化运行机制，持续健全跨区域税收监管体系，防范化解税收风险能力有效提升，税务执法的独立性和震慑力大大增强。坚持底线思维、树牢风险意识，将安全贯穿税收工作各方面全过程，持续健全完善税收领域重大风险防控机制，研究构建精准识别、智能推送、高效应对、全程监督“一体式”防控的现代化税收风险防控体系，着力实现全税费种、全生命周期精准风险防控。特别是紧盯国家税收安全，既严厉打击偷逃税违法行为，又避免给经济发展增添些许紧张气氛，不断创新税收监管思路、理念和方式手段，强化以风险为导向的“双随机、一公开”监管，探索构建动态“信用+风险”新型监管，妥善处置和化解各方面压力，查办一系列大案要案。自2018年8月以来，联合公安、海关、人民银行开展打击“假企业”“假出口”“假申报”专项行动，于2021年10月底圆满收官，共依法查处涉嫌虚开骗税企业44万户，挽回税收损失909亿元，抓获犯罪嫌疑人43459人，5841名犯罪嫌疑人慑于高压态势投案自首，随后邀请最高人民检察院、国家外汇管理局、最高人民法院加入，实现从集中打击向常态化打击转变。

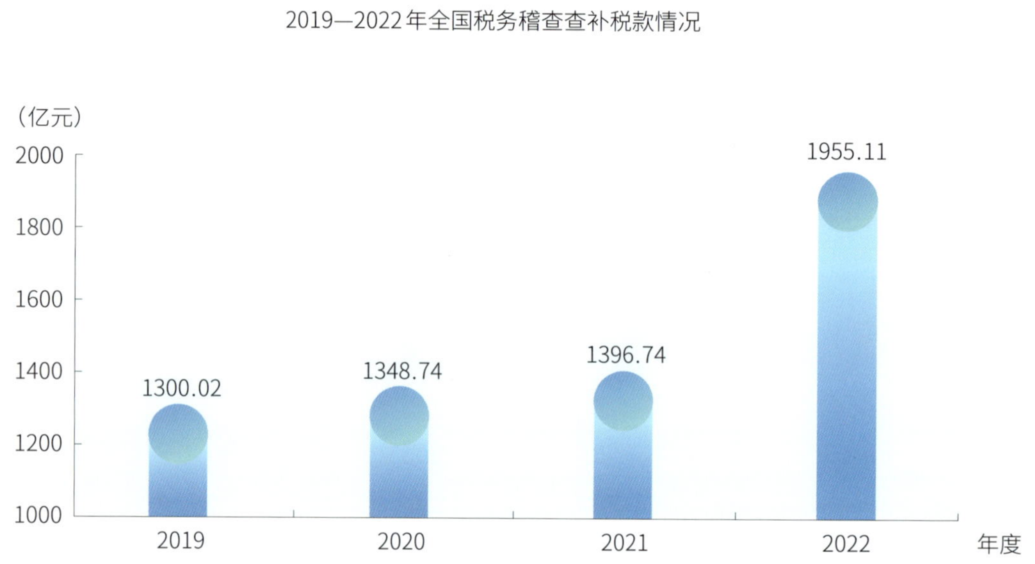

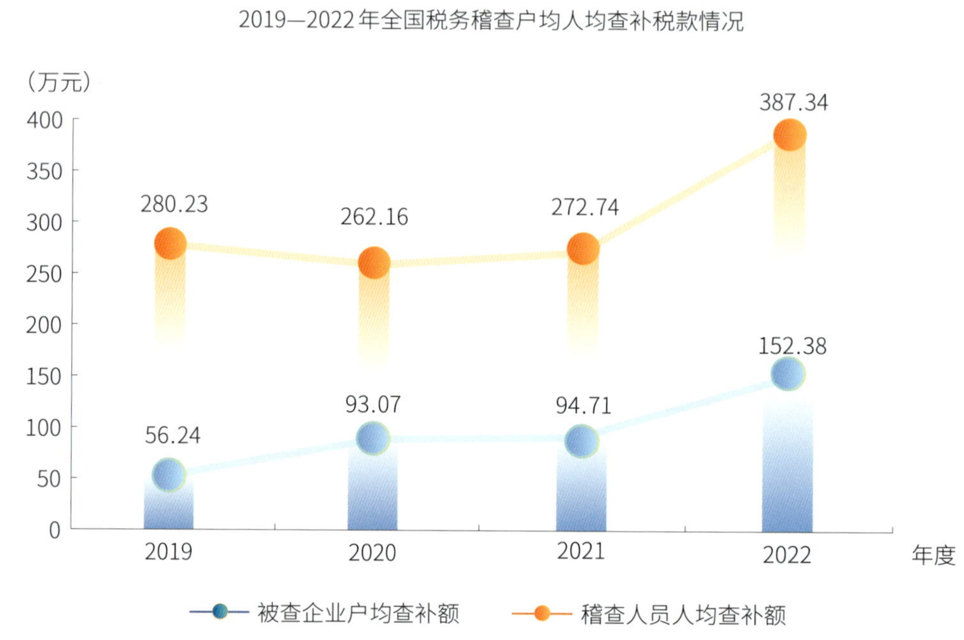

图21 全国税务稽查情况(2019—2022年)

国际税收交流与合作持续深化

推动中国税收协定网络覆盖112个国家（地区）。主导建立多边税务合作平台“一带一路”税收征管合作机制，先后主办或协办3届合作论坛。建立“一带一路”税收征管能力促进联盟，向全球公开发布联盟课程体系说明，在中国境内及其他国家（地区）建成5所“一带一路”税务学院，围绕征管数字化等为百余个国家（地区）3000多名税务人员提供培训。截至2022年底，合作机制理事会成员增加至36个、观察员增加至30个，影响力越来越大，成功入选国际权威税收专业期刊《国际税收评论》“2021—2022年度全球税收前50”名单。持续推进向我驻外使领馆、国际组织和国外大学派员工作，累计派出110余位税务官员，推动税务国际化人才交流和培养。

2019年第一届“一带一路”税收征管合作论坛在浙江乌镇召开

忠诚干净担当的税务铁军进一步锻造

坚决贯彻严的基调，持续构建完善税务系统全面从严治党制度规范体系，持之以恒正风肃纪反腐，引导广大税务干部知敬畏、存戒惧、守底线。持续深化绩效管理和数字人事在干部考核评价的运用并不断改进完善，让绩效管理成为抓班子、促落实的“指挥棒”，让数字人事成为管干部、激活力的“推进器”。税务绩效管理已迭代升级11个版本，激励导向逐步树牢。2018年，世界银行将中国税务部门绩效管理经验作为十大典型案例之一向全球推介。数字人事得到中央有关部门以及地方党政领导的肯定，OECD出版的2019年、2022年税收征管丛书，两次把数字人事作为成功案例推介。坚持公道公正科学开展选人用人，从有利于事业发展和干部成长出发，形成并逐步完善一套有利于优秀干部脱颖而出的选贤任能机制。大力实施“人才兴税”战略，逐渐形成一支规模宏大、素质优良的税务人才队伍，十年来在职税务干部中研究生人员占比由3.9%提升到8.5%，具有“三师”资格人员增长50.7%，各类税务人才增长近2倍，人才总量占比大幅提高。积极选树先进典型，不断厚植基层基础，持续营造向上向善良好氛围。2013年以来，税务系统累计有30个集体、81名个人获得国家级表彰奖励，4789个集体、3288名个人获得省部级以上表彰奖励。截至2022年底，税务系统有全国文明单位911个、约占全国的10%，有全国青年文明号881个、占全国的9.12%，在各行业中名列前茅。

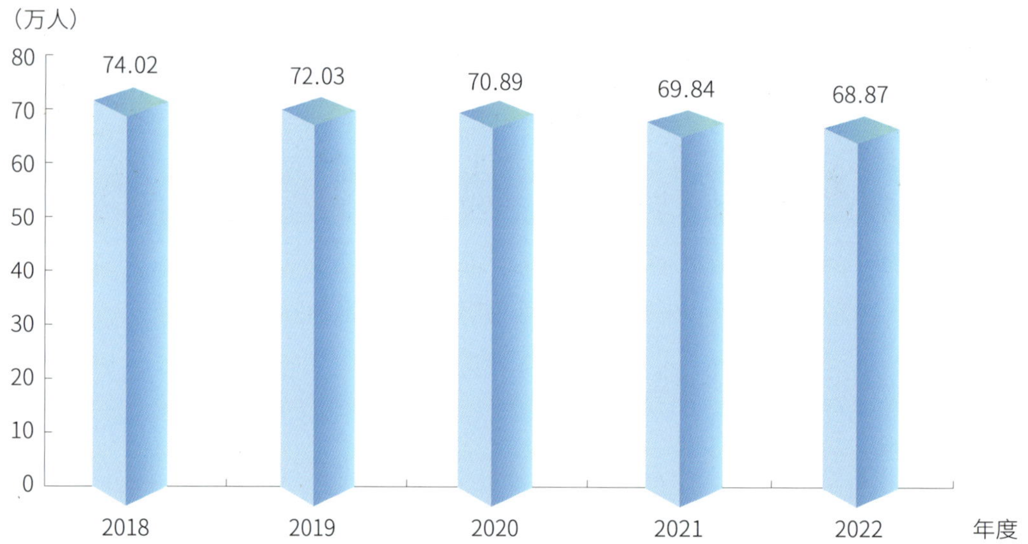

图22　税务系统在职人员数量变化(2018—2022年)

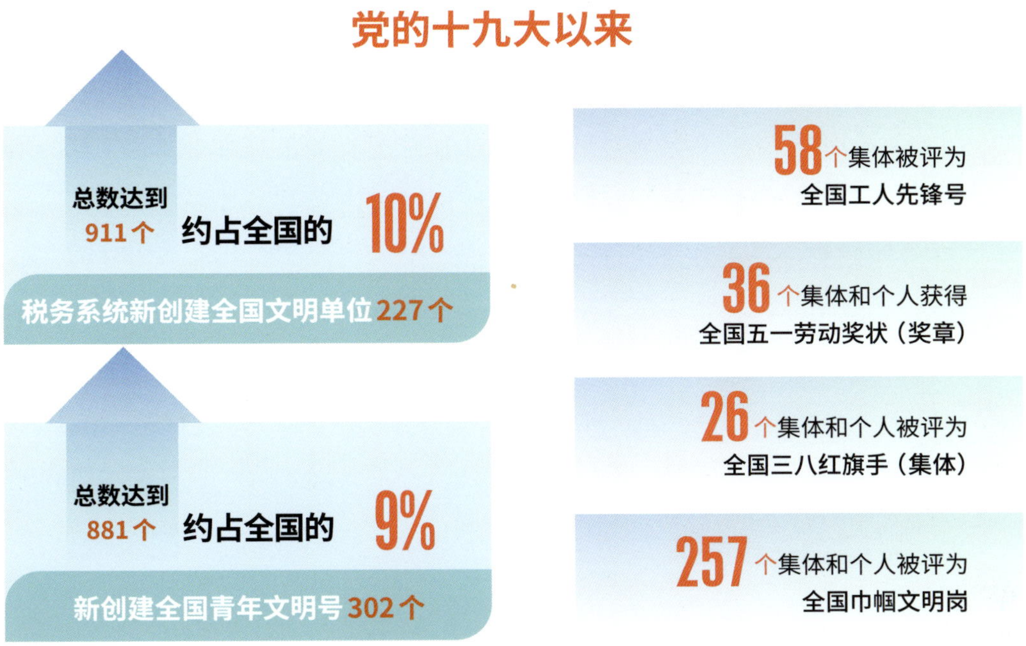

图23　党的十九大以来税务系统获奖情况

专栏13

绩效管理

税务总局深入学习贯彻习近平总书记关于优化全过程闭环管理流程等重要指示精神，自2014年起在全系统全面推行“横向到边、纵向到底、责任到岗、任务到人”的“绩效管理抓班子”机制制度体系，结合税收工作实际逐步完善形成“战略—目标—执行—考评—奖惩—改进”的绩效管理闭环。每年初，税务总局科学编制绩效指标体系，把党中央、国务院关于税收工作的决策部署和年度重点工作全部纳入考评，并强化结果运用，把班子成员个人绩效成绩与所在单位、分管部门和联系的下级单位组织绩效全面挂钩，将绩效考评结果与干部任用、评先评优、公务员年度考核以及推进领导干部能上能下、职务职级并行有效结合，推动各级领导班子特别是“一把手”一级抓一级、逐级抓落实。截至2022年底，税务绩效管理已迭代升级10个版本，激励导向逐步树牢。2018年，世界银行将中国税务部门绩效管理经验作为十大典型案例之一向全球推介。

专栏14

数字人事

数字人事是税务总局以习近平总书记关于加强干部考核重要论述为指引，根据中央关于干部考核评价和日常管理制度规定，运用大数据理念和方法，坚持持续改进，建立形成的数字化干部考核评价管理体系。其核心要义是将现行按“事”考核评价和日常管理干部的制度规定，转化为按“人(岗)”量化归集的评价和管理指标，着力构建包括平时考核、公认评价、业务能力评价、领导胜任力评价四大支柱，涵盖“德、能、勤、绩、廉、评、基”七个方面的“个人成长账户”，形成科学化、日常化、多维化、数据化、累积化、可比化的干部考核评价管理制度机制，促使税务干部一生向上、一心向善。数字人事从2014年开始制度设计，经过8轮扩大试点、6轮制度修订、4轮软件升级，于2019年7月全面推行，2022年初构建起相对稳固定型的“1+9”制度体系，得到中央有关部门以及地方党政领导的肯定，引起国际组织、外国税务同行关注。OECD出版的2019年、2022年税收征管丛书，两次把数字人事作为成功案例推介。

2023 年
中国税务发展战略

- 总体思路
- 工作任务

总体思路

奋力推进新征程税收现代化开好局、起好步，扎实做好2023年各项税收工作，关键是进一步提高税收工作站位，促进税收职能作用更有效发挥、更有序拓展、更有力提升。要坚持以习近平新时代中国特色社会主义思想为指导，全面贯彻党的二十大精神，深刻领悟“两个确立”的决定性意义，增强“四个意识”、坚定“四个自信”、做到“两个维护”，按照中央经济工作会议和全国“两会”部署，坚持党对税收工作的全面领导，纵深推进税务系统全面从严治党，着力建强政治机关、走好第一方阵。要明大势、为全局，扎实稳步推进各项税收工作，有效应对和化解各类风险隐患，着力服务稳增长稳就业稳物价，助力经济社会平稳健康运行。要在守正中履职尽责、在创新中拓展提升，坚持这些年探索形成的“基本思路+总体目标”和“机制+制度+方法”体系，并以改革创新精神，在今后的实践中不断改进完善，在创新中促发展、促提升。特别是要更加注重以此强化税务文化、升华税务精神，为推进税收现代化锻造更持久支撑、形成更强大优势。要主动适应服务中国式现代化新要求，把握发挥好税务部门职能作用着力点，提出更多符合实际能见成效的建议，出台更多务实有效举措，求得更好、实在、高效的效果，为中国政府决策，为地方经济社会发展，为广大纳税人缴费人和税务干部实实在在服好务。要在工作中进一步加强各层级、各部门、各职能主体之间的关联协同，加强各项机制、制度、措施、方法之间的贯穿衔接，加强各类系统、数据、资源配置之间的贯通融合，拓展多兵种、合成式、立体化工作方略，不断改进优化，不断完善升级，内求合力、外求共治，事求协同、人求共进，有力推动税收治理各要素、税收职能作用发挥拓展提升各方面更加联动集成，进而不断升级智慧税务，不断充盈税务精神，不断丰富税务文化，谱写税收现代化新的篇章。

工作任务

深入学习宣传贯彻落实党的二十大精神。在全系统扎实开展好学习贯彻习近平新时代中国特色社会主义思想主题教育，分级分类抓好党的二十大精神轮训，扎实推动党的二十大精神在税务系统落地见效。持续优化完善“纵合横通强党建”机制制度体系，进一步推动党建与业务深度融合互促。持续深化政治机关建设，切实抓好习近平总书记关于税收工作重要论述和重要指示批示精神的贯彻落实。

坚定不移纵深推进税务系统全面从严治党。健全税务系统全面从严治党体系，进一步完善“六位一体”税务系统全面从严治党新格局。压实管党治党政治责任，进一步层层传导压力，厚植严的氛围。巩固深化纪检监察体制改革和完善一体化综合监督体系建设。始终保持零容忍震慑不变、高压惩治力量常在，进一步强化监督执纪问责，一体推进“三不腐”，持续释放正风肃纪反腐强烈信号。

依法依规组织税费收入。科学研判税费收入形势，科学合理确定预算目标。加强税费收入分析，持续开展经济税源增减变化原因分析。加强税费收入质量监控，对违反组织收入纪律、征收“过头税费”的，发现一起、严查一起。

研究完善和落实落细税费支持政策。积极参与政策研究制定，从更高层次、更广维度、更宽视野，及时研究提出优化完善的政策建议。将“快退税款、狠打骗退、严查内错、欢迎外督、持续宣传”五措并举策略打法拓展运用于出口退税、研发费用加计扣除、土地增值税管理等重大税收政策落实中。做好税费支持政策统计核算和红利账单推送。

积极稳妥做好社保费和非税收入工作。进一步加强部门协同合作，构建完善“税费皆重”工作格局。坚持稳中求进，配合做好企业职工基本养老保险全国统筹、新就业形态就业人员职业伤害保障试点等工作。积极推动非税收入管理法制化建设，推进非税收入分类管理，加强非税收入征管风险防控，持续夯实非税收入征管基础。加强税费联动分析，更好服务国家治理。

进一步深化税收征管改革和加强税收监管。深入推进落实《关于进一步深化税收征管改革的意见》取得明显突破，稳步推进税收大数据体系建设，逐步推广全国统一规范的电子税务局，探索创新数字化、智能化、场景化税费服务，健全“信用+风险”新型监管机制，既以最严格的标准防范逃避税，又避免影响企业正常生产经营。

加强国际税收交流合作。持续深化国际税收交流合作，进一步深化“一带一路”税收征管合作机制。深度参与国际税收规则制定，坚定维护国家税收权益。聚焦“走出去”和“引进来”，提升国际税收服务水平，更好服务高水平对外开放。

着力建设担当税收事业发展重任的高素质干部队伍。深入落实《2019—2023年全国党政领导班子建设规划纲要》，加强领导班子建设。坚持新时代好干部标准，做好干部选任工作。持续完善战略人才、领军人才、业务标兵、青年才俊等税务人才分类培养模式，扎实推进素质提升“2271”工程。深入实施绩效管理和数字人事，大力培育中国税务文化，进一步激发税务干部活力，坚持不懈提振干事创业的精气神。

附 录

- 组织架构
- 税费制度
- 税收经济数据
- 税收协定与税收情报网络

组织架构

国家税务总局是国务院直属机构，其前身为1950年成立的财政部税务总局。1994年，中国实施分税制财政体制改革，在省和省以下分设国家税务局和地方税务局。税务总局对国家税务局系统实行机构、编制、干部、经费的垂直管理，协同省级人民政府对省级地方税务局实行双重领导。2018年3月，根据中共中央印发的《深化党和国家机构改革方案》和经十三届全国人大一次会议批准的《国务院机构改革方案》，改革国税地税征管体制，将省级和省级以下国税地税机构合并，实行以税务总局为主、与省（区、市）党委和政府双重领导的管理体制。

国家税务总局机构设置与职责

国家税务总局机构设置

税务总局设局长1名，副局长4名，驻税务总局纪检监察组组长1名，总经济师、总会计师和总审计师各1名。

派驻机构：中央纪委国家监委驻国家税务总局纪检监察组。

税务总局内设16个行政司局，另设机关党委、离退休干部局；9个直属事业单位（其中参照公务员法管理的事业单位为教育中心、电子税务管理中心、集中采购中心），1个直属（企业）单位；7个派出机构和3个社会团体。

- 国家税务总局
  - 驻税务总局纪检监察组
  - 职能司局
    - 办公厅（党委办公室）
    - 政策法规司
    - 货物和劳务税司
    - 所得税司
    - 财产和行为税司
    - 国际税务司（港澳台办公室）
    - 社会保险费司（非税收入司）
    - 收入规划核算司
    - 纳税服务司
    - 征管和科技发展司
    - 大企业税收管理司
    - 稽查局
    - 财务管理司
    - 督察内审司
    - 人事司（党委组织部）
    - 党建工作局（党委宣传部、巡视工作办公室）
    - 机关党委
    - 离退休干部局
  - 直属单位
    - 教育中心
    - 机关服务中心
    - 电子税务管理中心
    - 集中采购中心
    - 税收科学研究所
    - 税收宣传中心
    - 税务干部学院（中共国家税务总局党校）
    - 中国税务杂志社
    - 中国税务报社
    - 中国税务出版社
  - 派出机构
    - 税收大数据和风险管理局
    - 驻北京特派员办事处（驻北京稽查局）
    - 驻沈阳特派员办事处（驻沈阳稽查局）
    - 驻上海特派员办事处（驻上海稽查局）
    - 驻广州特派员办事处（驻广州稽查局）
    - 驻重庆特派员办事处（驻重庆稽查局）
    - 驻西安特派员办事处（驻西安稽查局）
  - 社会团体
    - 中国税务学会
    - 中国国际税收研究会
    - 中国注册税务师协会

图24 国家税务总局机构设置

国家税务总局的主要职责

• 具体起草税收法律法规草案及实施细则并提出税收政策建议，与财政部共同上报和下发，制定贯彻落实的措施。负责对税收法律法规执行过程中的征管和一般性税政问题进行解释，事后向财政部备案。

• 承担组织实施税收及社会保险费、有关非税收入的征收管理责任，力争税费应收尽收。

• 参与研究宏观经济政策、中央与地方的税权划分并提出完善分税制的建议，研究税负总水平并提出运用税收手段进行宏观调控的建议。

• 负责组织实施税收征收管理体制改革，起草税收征收管理法律法规草案并制定实施细则，制定和监督执行税收业务、征收管理的规章制度，监督检查税收法律法规、政策的贯彻执行。

• 负责规划和组织实施纳税服务体系建设，制定纳税服务管理制度，规范纳税服务行为，制定和监督执行纳税人权益保障制度，保护纳税人合法权益，履行提供便捷、优质、高效纳税服务的义务，组织实施税收宣传，拟定税务师管理政策并监督实施。

• 组织实施对纳税人进行分类管理和专业化服务，组织实施对大型企业的纳税服务和税源管理。

• 负责编报税收收入中长期规划和年度计划，开展税源调查，加强税收收入的分析预测，组织办理税收减免等具体事项。

• 负责制定税收管理信息化制度，拟定税收管理信息化建设中长期规划，组织实施金税工程建设。

• 开展税收领域的国际交流与合作，参加国家（地区）间税收关系谈判，草签和执行有关的协议、协定。

• 办理进出口商品的税收及出口退税业务。

• 以税务总局为主、与省（区、市）党委和政府对全国税务系统实行双重领导。

• 承办党中央、国务院交办的其他事项。

省级和省级以下税务局机构设置与职责

省以下税务系统设省（自治区、直辖市和计划单列市）、市（地、州、盟）、县（市、区、旗）三级税务局，县税务局下设税务分局、税务所。省（自治区、直辖市和计划单列市）税务局36个，副省级城市税务局10个，市级税务局522个，县级税务局3177个。

表5 省和省以下税务局设置情况（2022年）

机构层级	机构数量（个）
省、自治区、直辖市和计划单列市税务局	36
副省级城市税务局	10
市级税务局	522
县级税务局	3177

图25 税务机构设置

省级税务局主要职责

• 负责贯彻执行党的路线、方针、政策，加强党的全面领导，履行全面从严治党责任，负责党的建设和思想政治建设工作。

• 负责贯彻执行税收、社会保险费和有关非税收入法律、法规、规章和规范性文件，研究制定具体实施办法。组织落实国家规定的税收优惠政策。

• 负责研究拟定本系统税收、社会保险费和有关非税收入中长期规划，参与拟定税收、社会保险费和有关非税收入预算目标并依法组织实施。负责本系统税收、社会保险费和有关非税收入的会统核算工作。组织开展收入分析预测。

• 负责开展税收经济分析和税收政策效应分析，为税务总局和地方党委、政府提供决策参考。

• 负责所辖区域内各项税收、社会保险费和有关非税收入征收管理。组织实施税（费）源监控和风险管理，加强大企业和自然人税收管理。

• 负责组织实施本系统税收、社会保险费和有关非税收入服务体系建设。组织开展纳税服务、税收宣传工作，保护纳税人、缴费人合法权益。承担涉及税收、社会保险费和有关非税收入的行政处罚听证、行政复议和行政诉讼事项。

• 负责所辖区域内国际税收和进出口税收管理工作，组织反避税调查和出口退税事项办理。

• 负责组织实施所辖区域内税务稽查和社会保险费、有关非税收入检查工作。

• 负责增值税专用发票、普通发票和其他各类发票管理。负责税收、社会保险费和有关非税收入票证管理。

• 负责组织实施本系统各项税收、社会保险费和有关非税收入征管信息化建设和数据治理工作。

• 负责本系统内部控制机制建设工作，开展对本系统贯彻执行党中央、国务院重大决策及上级工作部署情况的督查督办，组织实施税收执法督察。

• 负责本系统基层建设和干部队伍建设工作，加强领导班子和后备干部队伍建设，承担税务人才培养和干部教育培训工作。负责本系统绩效管理和干部考核工作。

• 负责本系统机构、编制、经费和资产管理工作。

• 完成税务总局和省级党委、政府交办的其他工作。

省级以下税务局主要职责

按照分级管理、权责一致的原则，省级以下税务局在加强党的建设、思想政治建设和干部队伍建设的同时，突出直接面向纳税人、缴费人的管理服务职能，具体承担所辖区域内各项税收、社会保险费和有关非税收入征管等职能。

税费制度

为了适应建立和完善社会主义市场经济体制的需要，1994年中国进行了分税制财政管理体制改革，构建了现行税制基本框架。进入21世纪以来，中国对税制进行了一系列调整和完善，为实现政府财力增强和经济快速发展发挥了重要作用。

中国税制主要变化（1994—2022年）

1994年　取消集市交易税、牲畜交易税、烧油特别税、奖金税、工资调节税等税种。

1997年　7月7日，国务院公布《中华人民共和国契税暂行条例》，自1997年10月1日起施行。

1999年　8月30日，第九届全国人民代表大会常务委员会第十一次会议修正《中华人民共和国个人所得税法》。

2000年　停止征收固定资产投资方向调节税。

10月22日，国务院公布《中华人民共和国车辆购置税暂行条例》，自2001年1月1日起施行。

2003年　11月23日，国务院公布新的《中华人民共和国进出口关税条例》，自2004年1月1日起施行。

2005年　10月27日，第十届全国人民代表大会常务委员会第十八次会议修正《中华人民共和国个人所得税法》，自2006年1月1日起施行。

2006年　1月1日，取消农业税。

4月28日，国务院公布《中华人民共和国烟叶税暂行条例》。

12月29日，国务院公布《中华人民共和国车船税暂行条例》，自2007年1月1日起施行。

12月31日，国务院修订《中华人民共和国城镇土地使用税暂行条例》，自2007年1月1日起施行。

2007年　6月29日，第十届全国人民代表大会常务委员会第二十八次会议修正《中华人民共和国个人所得税法》。

12月29日，第十届全国人民代表大会常务委员会第三十一次会议修正《中华人民共和国个人所得税法》，自2008年3月1日起施行。

2007—2010年 中国改革开放以来施行的内外两套税制得到统一。

2007年，统一内外资企业城镇土地使用税制度；

2008年，统一内外资企业所得税制度；

2009年，统一内外资企业房产税制度；

2010年，统一内外资企业和个人城市维护建设税制度。

2009年 实施成品油税费改革，完善消费税制度。

在全国范围内实施由生产型向消费型转型的增值税改革，允许企业购进机器设备所含增值税税款在销项税额中抵扣。

2011年 实施原油、天然气资源税从价计征改革。

2月25日，第十一届全国人民代表大会常务委员会第十九次会议通过《中华人民共和国车船税法》，自2012年1月1日起施行。

6月30日，第十一届全国人民代表大会常务委员会第二十一次会议修正《中华人民共和国个人所得税法》，自2011年9月1日起施行。

2012年 选择部分地区开始实施营改增试点。

2013年 营改增试点在全国范围内推开，试点行业范围包括交通运输业和部分现代服务业。

2014年 逐步将铁路运输业、邮政业、电信业纳入营改增试点行业范围。

实施煤炭资源税从价计征改革。

2015年 稳妥实施营改增试点。

积极开展消费税改革和稀土、钨、钼资源税从价计征改革。

2016年 全面推开营改增试点，实现增值税对货物和服务全覆盖。

全面推开资源税从价计征改革，并在河北省率先开展水资源税改革试点。

12月25日，第十二届全国人民代表大会常务委员会第二十五次会议通过《中华人民共和国环境保护税法》，自2018年1月1日起施行。

2017年 简并增值税税率，取消13%档次增值税税率，形成17%、11%、6%三档税率结构。

2月24日，第十二届全国人民代表大会常务委员会第二十六次会议修正《中华人民共和国企业所得税法》。

将水资源税改革试点范围扩大至北京等9个省（自治区、直辖市）。

11月19日，国务院废止《中华人民共和国营业税暂行条例》，同时修订《中华人民共和国增值税暂行条例》。

12月25日，国务院公布《中华人民共和国环境保护税法实施条例》，自2018年1月1日起施行。

12月27日，第十二届全国人民代表大会常务委员会第三十一次会议通过《中华人民共和国烟叶税法》《中华人民共和国船舶吨税法》，均自2018年7月1日起施行。

2018年 深化增值税改革，将17%、11%税率分别调整为16%、10%，形成16%、10%、6%三档税率结构。

8月31日，第十三届全国人民代表大会常务委员会第五次会议修正《中华人民共和国个人所得税法》，自2019年1月1日起施行。

12月29日，第十三届全国人民代表大会常务委员会第七次会议通过《中华人民共和国车辆购置税法》《中华人民共和国耕地占用税法》，分别自2019年7月1日、2019年9月1日起施行。

2019年 下调增值税税率，将16%、10%税率分别调整为13%、9%，形成13%、9%、6%三档税率结构；扩大进项税额抵扣范围。实施小微企业普惠性税收减免政策，加大小微企业税收优惠力度。

8月26日，第十三届全国人民代表大会常务委员会第十二次会议通过《中华人民共和国资源税法》，自2020年9月1日起施行。

2020年 3月1日至6月30日，中国首次个人所得税综合所得汇算清缴顺利推进，标志着综合与分类相结合的个人所得税制在中国基本建立。

8月11日，第十三届全国人民代表大会常务委员会第二十一次会议通过《中华人民共和国契税法》《中华人民共和国城市维护建设税法》，均自2021年9月1日起施行。

2021年 6月10日，第十三届全国人民代表大会常务委员会第二十九次会议通过《中华人民共和国印花税法》，自2022年7月1日起施行。

10月23日，第十三届全国人民代表大会常务委员会第三十一次会议通过《全国人民代表大会常务委员关于授权国务院在部分地区开展房地产税试点工作的决定》。

2022年 12月27日，《中华人民共和国增值税法（草案）》提请第十三届全国人民代表大会常务委员会第三十八次会议首次审议。立法总体上按照税制平移的思路，保持现行税制框架和税负水平基本不变，将《中华人民共和国增值税暂行条例》和有关政策规定上升为法律。

现行税收制度

目前，中国共有18个税种，按照税种性质大致可分为以下三个类别：

- 货物和劳务税，包括增值税、消费税、车辆购置税和关税4个税种。
- 所得税，包括企业所得税、个人所得税2个税种。
- 财产和行为税，包括土地增值税、房产税、城镇土地使用税、耕地占用税、契税、资源税、车船税、印花税、城市维护建设税、烟叶税、船舶吨税和环境保护税12个税种。

表6 中国现行税种（2022年）

序号	种类	纳税人	征收对象（计税依据）	税率
		货物和劳务税		
1	增值税	在中国境内销售货物或者提供加工、修理修配劳务、销售服务、无形资产、不动产以及进口货物的单位和个人	销售、进口货物，提供加工、修理修配劳务，销售服务、无形资产、不动产	税率为13%、9%、6%；征收率为3%、5%
2	消费税	在中华人民共和国境内生产、委托加工和进口应税消费品的单位和个人，以及国务院确定的销售应税消费品的其他单位和个人	烟、酒、小汽车、成品油等15类消费品	从价定率，从量定额，或者复合计税
3	车辆购置税	在中国境内购置应税车辆的单位和个人	购置汽车、排气量超过150毫升的摩托车、有轨电车、挂车	10%
4	关税①	进口货物的收货人、出口货物的发货人、进境物品的所有人	中国准许进出口的货物、进境物品	从价定率，从量定额，或者复合计税
		所得税		
5	企业所得税	在中华人民共和国境内的企业和其他取得收入的组织，分为居民企业和非居民企业	居民企业和非居民企业取得的按照税法规定计征的应纳税所得额	居民企业为25%，非居民企业为20%、25%

续表

序号	种类	纳税人	征收对象（计税依据）	税率
6	个人所得税	居民个人：在中国境内有住所，或者无住所而一个纳税年度内在中国境内居住累计满183天的个人	从中国境内和境外取得的所得	居民个人税率为：综合所得，适用3%～45%的超额累进税率；经营所得，适用5%～35%的超额累进税率；利息、股息、红利所得，财产租赁所得，财产转让所得和偶然所得，适用比例税率，税率为20%。非居民个人税率为：工资薪金所得、劳务报酬所得、稿酬所得、特许权使用费所得按月按次分别适用3%～45%的超额累进税率；经营所得适用5%～35%的超额累进税率；利息、股息、红利所得，财产租赁所得，财产转让所得和偶然所得，适用比例税率，税率为20%
		非居民个人：在中国境内无住所又不居住，或者无住所而一个纳税年度内在中国境内居住累计不满183天的个人	从中国境内取得的所得	
财产和行为税				
7	土地增值税	在中国境内转让国有土地使用权、地上的建筑物及其附着物并取得收入的单位和个人	转让房地产所取得的增值额	四级超率累进税率（30%、40%、50%、60%）
8	房产税	在中国境内城市、县城、建制镇和工矿区范围内房屋的产权所有人	城市、县城、建制镇和工矿区范围内房屋	自用的，按照房产原值减除10%～30%后余值征税，税率为1.2%；出租的，按照租金征税，税率为12%
9	城镇土地使用税	在中国境内城市、县城、建制镇、工矿区范围内使用土地的单位和个人	纳税人实际占用的土地面积	城镇土地使用税每平方米年税额：大城市为1.5～30元；中等城市为1.2～24元；小城市为0.9～18元；县城、建制镇、工矿区为0.6～12元
10	耕地占用税	在中国境内占用耕地（包括其他农用地）建设建筑物、构筑物或者从事非农业建设的单位和个人	纳税人实际占用的耕地（包括其他农用地）面积	不同地区实行有差别的幅度税额
11	契税	在中国境内转移土地、房屋权属，承受的单位和个人	成交价格或互换价格差额	3%～5%
12	资源税	在中国领域和管辖的其他海域开发应税资源的单位和个人	能源矿产、金属矿产、非金属矿产、水气矿产、盐	按照《中华人民共和国资源税法》所附《资源税税目税率表》执行
13	车船税	在中国境内应税车辆、船舶的所有人或者管理人	车辆和船舶	不同幅度的定额税率

续表

序号	种类	纳税人	征收对象（计税依据）	税率
14	印花税	在中国境内书立应税凭证、进行证券交易的单位和个人 在中国境外书立在境内使用应税凭证的单位和个人	书立的应税凭证和证券交易	比例税率
15	城市维护建设税	缴纳增值税、消费税的单位和个人	纳税人依法实际缴纳的增值税和消费税税额	纳税人所在地在市区的，税率为7%；在县城、镇的，税率为5%；不在市区、县城或镇的，税率为1%
16	烟叶税	在中国境内，依照《中华人民共和国烟草专卖法》的规定收购烟叶的单位	纳税人收购烟叶实际支付的价款总额	20%
17	船舶吨税②	自中国境外港口进入境内港口的船舶	船舶	实行定额税率，包括优惠税率和普通税率
18	环境保护税	在中国领域和管辖的其他海域，直接向环境排放应税污染物的企业事业单位和其他生产经营者	《中华人民共和国环境保护税法》规定的应税污染物，包括大气污染物、水污染物、固体废物和噪声	依照《中华人民共和国环境保护税法》所附《环境保护税税目税额表》执行

注：①②关税、船舶吨税和进口环节增值税、消费税由海关代征。

2022年税收制度和政策调整

● 出台实施大规模留抵退税政策

大规模留抵退税政策主要包括：一是重点行业留抵退税政策。对所有符合条件的制造业、批发和零售业等13个重点行业企业（含个体工商户），按月全额退还增量留抵税额，并一次性退还其存量留抵税额。二是小微企业留抵退税政策。对所有符合条件的小微企业（含个体工商户），按月全额退还增量留抵税额，并一次性退还其存量留抵税额。其中，小微企业增量留抵退税政策执行至2022年12月31日。

● 出台支持科技创新的税收优惠政策

对科技型中小企业开展研发活动中实际发生的研发费用，未形成无形资产计入当期损益的，在按规定据实扣除的基础上，自2022年1月1日起，再按照实际发生额的100%在税前加计扣除；形成无形资产的，自2022年1月1日起，按照无形资产成本的200%在税前摊销。对高新技术企业在2022年10月1日至12月31日期间新购置的设备、器具，允许当年一次性全额在计算应纳税所得额时扣除，并允许在税前实行100%加计扣除。对现行适用研发费用税前加计扣除比例75%的企业，在2022年10月1日至12月31日期间，税前加计扣除比例提高至100%。对企业出资给非营利性科研机构、高等学校和政府性自然科学基金用于基础研究的支出，在计算应纳税所得额时可按实际发生额在税前扣除，并可按100%在税前加计扣除。对非营利性科研机构、高等学校接收企业、个人和其他组织机构基础研究资金收入，免征企业所得税。

● 出台支持中小微企业发展税费优惠政策

自2022年4月1日至2022年12月31日，对增值税小规模纳税人适用3%征收率的应税销售收入，免征增值税；适用3%预征率的预缴增值税项目，暂停预缴增值税。对中小微企业2022年度内新购置单位价值500万元以上的设备器具，折旧年限为3年的，单位价值的100%可在当年一次性税前扣除；折旧年限为4年、5年、10年的，单位价值的50%可在当年一次性税前扣除，其余50%按规定在剩余年度计算折旧进行税前扣除。2022年1月1日至2024年12月31日，对小型微利企业年应纳税所得额超过100万元但不超过300万元的部分，减按25%计入应纳税所得额，按20%的税率缴纳企业所得税。由省、自治区、直辖市人民政府根据本地区实际情况，以及宏观调控需要确定，对增值税小规模纳税人、小型微利企业和个体工商户可以在50%的税额幅度内减征资源税、城市维护建设税、房产税、城镇土地使用税、印花税（不含证券交易印花税）、耕地占用税和教育费附加、地方教育附加。在继续延缓缴纳2021年第四季度部分税费基础上，延缓缴纳2022年第一季度、第二季度部分税费：在依法办理纳税申报后，制造业中型企业可以延缓缴纳本政策规定的各项税费金额的50%，制造业小微企业可以延缓缴纳本政策规定的全部税费，延缓的期限为6个月。在此基础上，自2022年9月1日起，按照《国家税务总局 财政部关于延续实施制造业中小微企业延缓缴纳部分税费有关事项的公告》已享受延缓缴纳税费50%的制造业中型企业和延缓缴纳税费100%的制造业小微企业，其已缓缴税费的缓缴期限届满后继续延长4个月。

● 出台支持交通运输业纾困发展税费优惠政策

自2022年1月1日至2022年12月31日，航空和铁路运输企业分支机构暂停预缴增值税。自2022年1月1日至2022年12月31日，允许生产性服务业纳税人按照当期可抵扣进项税额加计10%抵减应纳税额，允许生活性服务业纳税人按照当期可抵扣进项税额加计15%，抵减应纳税额。自2022年1月1日至2022年12月31日，对纳税人提供公共交通运输服务取得的收入，免征增值税。自2022年5月1日至2022年12月31日，对纳税人为居民提供必需生活物资快递收派服务取得的收入，免征增值税。

● 出台支持纾困发展的阶段性缓缴社保费政策

2022年4月，实施阶段性缓缴企业职工基本养老保险费、失业保险费、工伤保险费政策，对餐饮、零售、旅游、民航、公路水路铁路运输企业阶段性实施缓缴养老保险、失业保险、工伤保险费政策，其中，养老保险费缓缴期限3个月，失业保险和工伤保险费缓缴期限不超过1年，缓缴期间免收滞纳金。以个人身份参加企业职工基本养老保险的个体工商户和各类灵活就业人员，2022年缴纳养老保险费有困难的，可自愿暂缓缴费至2023年底前补缴。2022年5月，在对餐饮、零售、旅游、民航、公路水路铁路运输等5个特困行业实施阶段性缓缴三项社保费政策的基础上，以产业链供应链受疫情影响较大、生产经营困难的制造业企业为重点，进一步扩大实施范围，缓缴扩围行业所属困难企业，可申请缓缴三项社保费单位缴费部分，其中养老保险费缓缴实施期限到2022年底，工伤、失业保险费缓缴期限不超过1年。原明确的5个特困行业缓缴养老保险费期限相应延长至2022年底。缓缴期间免收滞纳金；对受疫情影响较大、生产经营困难的中小微企业实施缓缴政策。受疫情影响严重地区生产经营出现暂时困难的所有中小微企业、以单位方式参保的个体工商户，可申请缓缴三项社保费单位缴费部分，缓缴实施期限到2022年底，期间免收滞纳金。实施阶段性缓缴职工基本医疗保险费政策，统筹基金累计结存可支付月数大于6个月的统筹地区，自2022年7月起，对中小微企业、以单位方式参保的个体工商户缓缴3个月职工基本医疗保险单位缴费，缓缴期间免收滞纳金。社会团体、基金会、社会服务机构、律师事务所、会计师事务所等社会组织参照执行。

● 出台支持扩大消费、民生事业以及金融发展的税收优惠政策

阶段性减征部分乘用车车辆购置税，对购置日期在2022年6月1日至12月31日期间且单车价格（不含增值税）不超过30万元的2.0升及以下排量乘用车，减半征收车辆购置税。将3岁以下婴幼儿照护费用纳入个人所得税专项附加扣除，自2022年1月1日起，纳税人照护3岁以下婴幼儿子女的相关支出，按照每个婴幼儿每月1000元的标准定额扣除。自2022年1月1日起，对先行试点城市实施个人养老金所得税优惠政策，即在缴费环节，个人向个人养老金资金账户的缴费，按照12000元/年的限额标准，在综合所得或经营所得中据实扣除；在投资环节，计入个人养老金资金账户的投资收益暂不征收个人所得税；在领取环节，个人领取的个人养老金，不并入综合所得，单独按照3%的税率计算缴纳个人所得税，其缴纳的税款计入“工资、薪金所得”项目。2022年10月1日至12月31日期间，对企业、个体工商户应缴纳的《涉及企业、个体工商户行政事业性收费缓缴清单》内收费项目（其中包括税务部门征收的水土保持补偿费、生活垃圾处理费），自应缴之日起缓缴一个季度，不收滞纳金。自2022年8月1日至2023年7月31日，银行业金融机构、金融资产管理公司中的增值税一般纳税人处置抵债不动产，可选择以取得的全部价款和价外费用扣除取得该抵债不动产时的作价为销售额，适用9%税率计算缴纳增值税。对银行业金融机构、金融资产管理公司接收、处置抵债资产过程中涉及的合同、产权转移书据和营业账簿免征印花税，对合同或产权转移书据其他各方当事人应缴纳的印花税照章征收。对银行业金融机构、金融资产管理公司接收抵债资产免征契税。各地可根据《中华人民共和国房产税暂行条例》《中华人民共和国城镇土地使用税暂行条例》授权和本地实际，对银行业金融机构、金融资产管理公司持有的抵债不动产减免房产税、城镇土地使用税。

● 延续部分到期税收政策的执行期限

延续实施部分帮助企业纾困解难、促进创业创新税收政策，《财政部 税务总局 科技部 教育部关于科技企业孵化器 大学科技园和众创空间税收政策的通知》《财

政部　税务总局关于继续对城市公交站场　道路客运站场　城市轨道交通系统减免城镇土地使用税优惠政策的通知》《财政部　税务总局关于继续实行农产品批发市场　农贸市场房产税　城镇土地使用税优惠政策的通知》《财政部　税务总局关于高校学生公寓房产税　印花税政策的通知》《财政部　税务总局　退役军人部关于进一步扶持自主就业退役士兵创业就业有关税收政策的通知》《财政部　税务总局　国家发展改革委　生态环境部关于从事污染防治的第三方企业所得税政策问题的公告》《财政部　税务总局关于支持新型冠状病毒感染的肺炎疫情防控有关个人所得税政策的公告》中规定的税收优惠政策，执行期限延长至2023年12月31日。

延续执行部分国家商品储备税收优惠政策，对商品储备管理公司及其直属库资金账簿免征印花税；对其承担商品储备业务过程中书立的购销合同免征印花税；对商品储备管理公司及其直属库自用的承担商品储备业务的房产、土地，免征房产税、城镇土地使用税，执行期限延长至2023年12月31日。

延续执行创业投资企业和天使投资个人有关税收优惠政策。自2022年1月1日至2023年12月31日，对于初创科技型企业需符合的条件，从业人数继续按不超过300人、资产总额和年销售收入按均不超过5000万元执行，《财政部　税务总局关于创业投资企业和天使投资个人有关税收政策的通知》规定的其他条件不变。

延续新能源汽车免征车辆购置税政策，对购置日期在2023年1月1日至12月31日期间内的新能源汽车，免征车辆购置税。

延续实施阶段性降低失业保险、工伤保险费率政策，自2022年5月1日，延续实施阶段性降低失业保险、工伤保险费率政策1年，执行期限至2023年4月30日。

现行社会保险制度

目前，中国社会保险包括基本养老保险、基本医疗保险、失业保险、工伤保险和生育保险五大类。此外，按照党中央、国务院决策部署，税务部门征收的还有正在试点的长期护理保险和新就业形态就业人员职业伤害保障费两类。

表7 中国现行社会保险制度（2022年）

<table>
<tr><th colspan="2">种类</th><th>缴费人</th><th>缴费基数</th><th>缴费比例</th></tr>
<tr><td rowspan="6">基本养老保险</td><td rowspan="3">企业职工基本养老保险</td><td rowspan="3">各类用人单位及其职工（机关事业单位及其编制内人员除外）
无雇工的个体工商户、未在用人单位参加基本养老保险的非全日制从业人员以及其他灵活就业人员</td><td>单位缴费基数：职工个人缴费工资基数之和</td><td>单位缴费比例：16%</td></tr>
<tr><td>个人缴费基数：职工本人工资。职工月平均工资低于本省上年全口径社会平均工资60%的，按60%计算缴费工资基数，超过本省上年全口径社会平均工资300%的部分不计入缴费工资基数</td><td>个人缴费比例：8%</td></tr>
<tr><td>灵活就业人员缴费基数：可在本省上年全口径社会平均工资的60%至300%之间适当选择</td><td>灵活就业人员缴费比例：20%</td></tr>
<tr><td rowspan="2">机关事业单位工作人员基本养老保险</td><td rowspan="2">机关事业单位及其编制内工作人员</td><td>单位缴费基数：参加机关事业单位养老保险工作人员的个人缴费工资基数之和</td><td>单位缴费比例：16%</td></tr>
<tr><td>个人缴费基数：本人工资。工作人员月平均工资低于本省上年全口径社会平均工资60%的，按60%计算缴费工资基数，超过本省上年全口径社会平均工资300%的部分不计入缴费工资基数</td><td>个人缴费比例：8%</td></tr>
<tr><td>城乡居民基本养老保险</td><td>年满16周岁（不含在校学生），非国家机关和事业单位工作人员及不属于职工基本养老保险制度覆盖范围的城乡居民</td><td colspan="2">个人缴费标准分为每人每年100元、200元、300元、400元、500元、600元、700元、800元、900元、1000元、1500元、2000元12个档次，省（区、市）人民政府可以根据实际情况增设缴费档次</td></tr>
<tr><td rowspan="4">基本医疗保险</td><td rowspan="3">职工基本医疗保险</td><td rowspan="3">各类用人单位及其职工，由用人单位和职工共同缴纳；无雇工的个体工商户、未在用人单位参加职工基本医疗保险的非全日制从业人员以及其他灵活就业人员可以自愿参加，由个人缴纳</td><td>单位缴费基数：单位职工工资总额</td><td>单位缴费比例：6%左右</td></tr>
<tr><td>个人缴费基数：本人工资收入</td><td>个人缴费比例：2%左右</td></tr>
<tr><td>灵活就业人员缴费基数可参照当地上一年职工年平均工资核定</td><td>灵活就业人员缴费率原则上按照当地的缴费率确定</td></tr>
<tr><td>城乡居民基本医疗保险</td><td>除职工基本医疗保险应参保人员以外的其他所有城乡居民</td><td colspan="2">2022年个人最低缴纳标准每人每年350元</td></tr>
</table>

续表

<table>
<tr><th colspan="2">种类</th><th>缴费人</th><th>缴费基数</th><th>缴费比例</th></tr>
<tr><td rowspan="2">失业保险</td><td rowspan="2">失业保险</td><td rowspan="2">用人单位和职工</td><td>单位缴费基数：本单位工资总额</td><td>单位缴费比例：2%</td></tr>
<tr><td>个人缴费基数：本人工资</td><td>个人缴费比例：1%</td></tr>
<tr><td>工伤保险</td><td>工伤保险</td><td>用人单位</td><td>单位缴费基数：本单位职工工资总额</td><td>(一)行业差别费率
工伤保险行业风险类别确定为八类，一类至八类分别控制在该行业用人单位职工工资总额的0.2%、0.4%、0.7%、0.9%、1.1%、1.3%、1.6%、1.9%左右
(二)浮动费率
在实行行业差别费率的基础上，通过费率浮动的办法确定每个行业内的费率档次。一类行业分为三个档次，即在基准费率的基础上，可向上浮动至120%、150%，二类至八类行业分为五个档次，即在基准费率的基础上，可分别向上浮动至120%、150%或向下浮动至80%、50%</td></tr>
<tr><td>生育保险</td><td>生育保险</td><td>用人单位</td><td>单位缴费基数：单位职工工资总额。原则上与职工基本医疗保险的缴费基数一致</td><td>与职工基本医疗保险统一征缴，按照用人单位参加生育保险和职工基本医疗保险的缴费比例之和确定新的单位费率</td></tr>
<tr><td rowspan="3">长期护理保险（试点）</td><td rowspan="2">职工长期护理保险</td><td rowspan="2">试点地区参加职工基本医疗保险的用人单位、个人</td><td>单位缴费基数：职工工资总额</td><td rowspan="2">单位缴费比例与个人缴费比例相同；各试点地区个人缴费比例为0.15%至0.5%不等</td></tr>
<tr><td>个人缴费基数：本人工资收入</td></tr>
<tr><td>城乡居民长期护理保险</td><td>试点地区参加城乡居民基本医疗保险的个人</td><td colspan="2">各试点地区个人缴费标准每人每年10元至180元不等</td></tr>
<tr><td>新就业形态就业人员职业伤害保障费（试点）</td><td>新就业形态就业人员职业伤害保障费</td><td>出行、外卖、即时配送和同城货运平台企业</td><td>上月总单量</td><td>试行期间出行、外卖、即时配送和同城货运暂按每单0.04元、0.06元、0.04元、0.2元执行
制度正式推行后，根据职业伤害保障费使用、职业伤害发生率等情况，可以在平台企业缴费基准额的基础上适当浮动，上下浮动不超过50%，确定不同平台企业的每单缴费标准</td></tr>
</table>

税收经济数据

表8 分地区税收收入（2022年）

单位：亿元

地区	2022年	2021年	同比(%)
全国合计	142065	154573	-8.1
北 京	13191	13595	-3.0
天 津	2944	3192	-7.7
河 北	3814	4774	-20.1
山 西	4619	3576	29.2
内蒙古	3591	2893	24.1
辽 宁	3493	3899	-10.4
吉 林	1342	1733	-22.6
黑龙江	1694	1677	1.1
上 海	14250	14258	-0.1
江 苏	10181	12638	-19.4
浙 江	9989	10913	-8.5
安 徽	4020	4354	-7.7
福 建	3105	3910	-20.6
江 西	3469	3508	-1.1
山 东	7907	9060	-12.7
河 南	4323	5052	-14.4
湖 北	4486	4900	-8.4
湖 南	3660	4299	-14.9
广 东	16095	18387	-12.5

续表

地区	2022年	2021年	同比(%)
广　西	1877	2416	-22.3
海　南	1141	1371	-16.8
重　庆	2234	2673	-16.4
四　川	5732	6171	-7.1
贵　州	2306	2590	-11.0
云　南	2739	3522	-22.2
西　藏	283	360	-21.4
陕　西	4942	4136	19.5
甘　肃	1294	1492	-13.2
青　海	425	435	-2.3
宁　夏	597	615	-3.1
新　疆	2325	2174	7.0

注：本部分税收收入不含海关代征进口税收，不含关税和船舶吨税，已扣减出口退税。余表同。

表9 分行业税收收入(2022年)

单位：亿元

行业	2022年	2021年	同比(%)
全国合计	142065	154573	-8.1
一、第一产业	154	173	-11.2
二、第二产业	58202	57644	1.0
1.采矿业	11743	6727	74.6
2.制造业	35142	37427	-6.1
3.电力、热力、燃气及水的生产和供应业	2362	3313	-28.7
4.建筑业	8955	10177	-12.0
三、第三产业	83709	96756	-13.5
5.批发和零售业	15909	16669	-4.6
6.交通运输、仓储和邮政业	91	3129	-97.1
7.住宿和餐饮业	172	363	-52.6
8.信息传输、软件和信息技术服务业	5169	5130	0.7
9.金融业	24053	23572	2.0
10.房地产业	17150	25580	-33.0
11.租赁和商务服务业	9231	9163	0.7
12.科学研究和技术服务业	3795	3705	2.4
13.水利、环境和公共设施管理业	259	350	-26.1
14.居民服务、修理和其他服务业	1369	1495	-8.4
15.教育	610	545	12.0
16.卫生和社会工作	603	518	16.3
17.文化、体育和娱乐业	422	548	-23.0
18.公共管理、社会保障和社会组织	2995	3308	-9.5
19.其他行业	1883	2681	-29.8

表10 分地区分产业税收收入（2022年）

单位：亿元

地区	第二产业			第三产业		
	2022年	2021年	同比（%）	2022年	2021年	同比（%）
全国合计	58202	57644	1.0	83709	96756	-13.5
北 京	1516	1516	0.0	11666	12069	-3.3
天 津	1316	1084	21.4	1628	2107	-22.7
河 北	1865	2264	-17.7	1943	2503	-22.4
山 西	3495	2353	48.5	1119	1218	-8.1
内蒙古	2747	1964	39.9	840	925	-9.2
辽 宁	2203	2206	-0.1	1286	1689	-23.9
吉 林	853	963	-11.3	487	769	-36.6
黑龙江	1028	840	22.4	661	831	-20.4
上 海	2851	2754	3.5	11396	11500	-0.9
江 苏	4226	5249	-19.5	5944	7377	-19.4
浙 江	3538	3766	-6.1	6445	7142	-9.8
安 徽	1782	1874	-5.0	2234	2474	-9.7
福 建	1115	1321	-15.6	1986	2584	-23.1
江 西	1596	1540	3.6	1871	1965	-4.8
山 东	3974	4284	-7.2	3920	4763	-17.7
河 南	1916	2014	-4.9	2392	3024	-20.9
湖 北	2061	2207	-6.6	2420	2689	-10.0
湖 南	1732	1903	-9.0	1920	2390	-19.7
广 东	4022	4561	-11.8	12057	13808	-12.7
广 西	896	1129	-20.6	975	1281	-23.9
海 南	275	299	-8.0	857	1065	-19.6
重 庆	875	918	-4.7	1355	1752	-22.6
四 川	2360	2298	2.7	3363	3864	-13.0
贵 州	1373	1157	18.6	932	1430	-34.8
云 南	1909	2038	-6.3	827	1480	-44.1
西 藏	36	81	-56.0	247	279	-11.3
陕 西	3528	2380	48.2	1413	1754	-19.5
甘 肃	825	858	-3.9	468	631	-25.9
青 海	266	220	21.1	158	214	-26.3
宁 夏	399	352	13.3	198	263	-24.7
新 疆	1625	1250	30.0	703	918	-23.5

表11 分税种税收收入(2013—2022年)

单位:亿元

税种	2013年	2014年	2015年	2016年	2017年	2018年	2019年	2020年	2021年	2022年
全国税收收入	95398	103766	110604	115880	126013	137968	140439	136780	154573	142065
出口退税	10519	11330	12801	11743	13690	15014	15740	14549	16718	18678
全国税收收入征收数	105917	115095	123406	127623	139703	152982	156180	151329	171291	160743
国内增值税	28933	30983	31226	40830	56126	61430	62423	56846	63573	48912
国内消费税	8294	8969	10640	10368	10396	10800	12693	12206	14047	16867
企业所得税	23880	26442	27712	29125	32337	35490	37516	36570	42238	43877
个人所得税	6532	7377	8617	10094	11961	13872	10389	11733	14145	15141
资源税	1006	1084	1035	951	1353	1630	1821	1755	2288	3389
城市维护建设税	3419	3642	3909	4052	4358	4861	4821	4608	5217	5075
房产税	1582	1852	2051	2221	2604	2889	2989	2841	3278	3590
印花税	1245	1542	3445	2217	2211	2204	2468	3096	4088	4401
城镇土地使用税	1719	1993	2142	2256	2361	2388	2195	2058	2126	2226
土地增值税	3294	3915	3833	4212	4911	5644	6471	6461	6895	6349
车船税	474	541	617	681	772	831	881	945	1021	1072
车辆购置税	2596	2885	2793	2674	3281	3453	3498	3531	3520	2398
烟叶税	150	141	143	131	116	111	111	109	119	133
耕地占用税	1740	1991	2048	2008	1652	1319	1390	1258	1065	1257
契税	3815	3961	3880	4295	4909	5730	6213	7061	7427	5794
环境保护税	—	—	—	—	—	151	221	207	203	211
其他税收	17239	17779	19315	11509	356	179	80	45	39	51

注:“—”表示未开征年份。

表12　分地区税收收入（2013—2022年）

单位：亿元

地区	2013年	2014年	2015年	2016年	2017年	2018年	2019年	2020年	2021年	2022年
全国合计	95398	103766	110604	115880	126013	137968	140439	136780	154573	142065
北　京	9662	10791	11490	12205	12083	12253	12541	12309	13595	13191
天　津	2443	2654	2629	2786	2981	3046	3163	2896	3192	2944
河　北	2970	3104	3200	3425	4035	4586	4646	4410	4774	3814
山　西	2192	2037	1816	1746	2444	2840	3069	2751	3576	4619
内蒙古	2182	1976	2066	2109	2256	2418	2631	2449	2893	3591
辽　宁	4046	3845	3193	3272	3516	3701	3744	3472	3899	3493
吉　林	1762	1838	1759	1817	1839	1841	1684	1646	1733	1342
黑龙江	2041	2051	1781	1572	1777	1929	1788	1564	1677	1694
上　海	7382	8327	10256	10946	11486	12379	11918	11831	14258	14250
江　苏	8095	9027	9771	10253	10273	11623	11665	11762	12638	10181
浙　江	5168	5637	6039	6721	7475	8571	9042	9528	10913	9989
安　徽	2538	2827	2982	3184	3535	3966	4093	4017	4354	4020
福　建	2528	2755	2814	2993	3207	3464	3474	3434	3910	3105
江　西	1869	2139	2315	2407	2688	3049	3179	3112	3508	3469
山　东	5609	6093	6321	6551	7245	8000	8078	7633	9060	7907
河　南	3046	3330	3489	3707	4174	4776	4979	4871	5052	4323
湖　北	2976	3402	3770	3978	4429	4818	4885	3900	4900	4486
湖　南	2583	2804	2994	3100	3532	3907	3931	3952	4299	3660
广　东	8668	9938	12052	13058	14533	15517	16292	16625	18387	16095
广　西	1564	1725	1857	1938	2067	2244	2299	2207	2416	1877
海　南	662	747	820	886	1010	1150	1146	1013	1371	1141
重　庆	1772	2048	2278	2370	2499	2731	2656	2437	2673	2234
四　川	3545	3850	3959	4116	4603	5281	5442	5544	6171	5732
贵　州	1538	1780	1903	1955	2199	2479	2461	2337	2590	2306
云　南	2602	2708	2662	2547	2754	3174	3403	3375	3522	2739
西　藏	144	170	191	253	332	395	379	360	360	283
陕　西	2544	2625	2549	2319	2961	3470	3600	3348	4136	4942
甘　肃	904	1025	1153	1156	1253	1344	1288	1286	1492	1294
青　海	338	352	340	311	359	394	385	391	435	425
宁　夏	446	463	484	493	554	593	571	520	615	597
新　疆	1579	1698	1669	1704	1915	2031	2006	1797	2174	2325

表13 税收收入占GDP比重(2013—2022年)

单位：亿元

年份	税收收入	GDP	税收收入占GDP比重(%)
2013	110531	592963	18.6
2014	119175	643563	18.5
2015	124922	688858	18.1
2016	130361	746395	17.5
2017	144370	832036	17.4
2018	156403	919281	17.0
2019	157992	986515	16.0
2020	154310	1013567	15.2
2021	172731	1143670	15.1
2022	166614	1210207	13.8

注：本表税收收入为财政部一般公共预算收入中的全国税收收入，含海关代征、关税、船舶吨税，扣减出口退税；2022年GDP为初核数。

表14 税收收入占一般公共预算比重(2013—2022年)

单位：亿元

年份	税务部门组织税收收入	一般公共预算收入	税收收入占一般公共预算收入比重(%)
2013	95398	129210	73.8
2014	103766	140370	73.9
2015	110604	152269	72.6
2016	115880	159605	72.6
2017	126013	172593	73.0
2018	137968	183352	75.2
2019	140439	190382	73.8
2020	136780	182895	74.8
2021	154573	202539	76.3
2022	142065	203703	69.7

来源：一般公共收入数据来源于财政部官方网站。

税收协定与税收情报网络

扩大税收协定网络

2022年，国家税务总局进一步扩大和完善税收协定网络，截至2022年底，中国税收协定网络已覆盖全球112个国家和地区，基本涵盖中国对外投资主要目的地及来华投资主要国家（地区）。此外，完成《实施税收协定相关措施以防止税基侵蚀和利润转移的多边公约》（简称《BEPS多边公约》）在中国的生效程序，并制发生效公告。

表15 中国与其他国家签订的避免双重征税协定

国家	签署日期	生效日期
日本	1983.09.06	1984.06.26
法国	1984.05.30	1985.02.21
	2013.11.26	2014.12.28
比利时	1985.04.18	1987.09.11
	2009.10.07	2013.12.29
马来西亚	1985.11.23	1986.09.14
丹麦	1986.03.26	1986.10.22
	2012.06.16	2012.12.27
加拿大	1986.05.12	1986.12.29
瑞典	1986.05.16	1987.01.03
泰国	1986.10.27	1986.12.29
美国	1984.04.30	1986.11.21
英国	1984.07.26	1984.12.23
	2011.06.27	2013.12.13
德国①	1985.06.10	1986.05.14
	2014.03.28	2016.04.06
挪威	1986.02.25	1986.12.21
新加坡	1986.04.18	1986.12.11
	2007.07.11	2007.09.18
芬兰	1986.05.12	1987.12.18
	2010.05.25	2010.11.25
新西兰	1986.09.16	1986.12.17
	2019.04.01	2019.12.27
意大利	1986.10.31	1989.11.14
	2019.03.23	（尚未生效）

续表

国家	签署日期	生效日期
荷兰	1987.05.13	1988.03.05
	2013.05.31	2014.08.31
波兰	1988.06.07	1989.01.07
南斯拉夫（适用于波斯尼亚和黑塞哥维那）②	1988.12.02	1989.12.16
巴基斯坦	1989.11.15	1989.12.27
瑞士	1990.07.06	1991.09.27
	2013.09.25	2014.11.15
西班牙	1990.11.22	1992.05.20
	2018.11.28	2021.05.02
奥地利	1991.04.10	1992.11.01
蒙古	1991.08.26	1992.06.23
马耳他	1993.02.02	1994.03.20
	2010.10.18	2011.08.25
卢森堡	1994.03.12	1995.07.28
俄罗斯	1994.05.27	1997.04.10
印度	1994.07.18	1994.11.19
克罗地亚	1995.01.09	2001.05.18
斯洛文尼亚	1995.02.13	1995.12.27
越南	1995.05.17	1996.10.18
乌克兰	1995.12.04	1996.10.18
牙买加	1996.06.03	1997.03.15
立陶宛	1996.06.03	1996.10.18
乌兹别克斯坦	1996.07.03	1996.07.03

国家	签署日期	生效日期
捷克斯洛伐克（适用于斯洛伐克）③	1987.06.11	1987.12.23
澳大利亚	1988.11.17	1990.12.28
保加利亚	1989.11.06	1990.05.25
科威特	1989.12.25	1990.07.20
塞浦路斯	1990.10.25	1991.10.05
罗马尼亚	1991.01.16	1992.03.05
	2016.07.04	2017.06.17
巴西	1991.08.05	1993.01.06
匈牙利	1992.06.17	1994.12.31
阿拉伯联合酋长国	1993.07.01	1994.07.14
韩国	1994.03.28	1994.09.27
巴布亚新几内亚	1994.07.14	1995.08.16
毛里求斯	1994.08.01	1995.05.04
白俄罗斯	1995.01.07	1996.10.03
以色列	1995.04.08	1995.12.22
土耳其	1995.05.23	1997.01.20
亚美尼亚	1996.05.05	1996.11.28
冰岛	1996.06.03	1997.02.05
拉脱维亚	1996.06.07	1997.01.27
孟加拉国	1996.09.12	1997.04.10

续表

国家	签署日期	生效日期	国家	签署日期	生效日期
塞尔维亚④	1997.03.21	1998.01.01	苏丹	1997.05.30	1999.02.09
黑山④	1997.03.21	1998.01.01			
马其顿	1997.06.09	1997.11.29	埃及	1997.08.13	1999.03.24
葡萄牙	1998.04.21	2000.06.07	爱沙尼亚	1998.05.12	1999.01.08
老挝	1999.01.25	1999.06.22	塞舌尔	1999.08.26	1999.12.17
菲律宾	1999.11.18	2001.03.23	爱尔兰	2000.04.19	2000.12.29
南非	2000.04.25	2001.01.07	巴巴多斯	2000.05.15	2000.10.27
摩尔多瓦	2000.06.07	2001.05.26	卡塔尔	2001.04.02	2008.10.21
古巴	2001.04.13	2003.10.17	委内瑞拉	2001.04.17	2004.12.23
尼泊尔	2001.05.14	2010.12.31	哈萨克斯坦	2001.09.12	2003.07.27
印度尼西亚	2001.11.07	2003.08.25	阿曼	2002.03.25	2002.07.20
尼日利亚	2002.04.15	2009.03.21	突尼斯	2002.04.16	2003.09.23
伊朗	2002.04.20	2003.08.14	巴林	2002.05.16	2002.08.08
希腊	2002.06.03	2005.11.11	吉尔吉斯斯坦	2002.06.24	2003.03.29
摩洛哥	2002.08.27	2006.08.16	斯里兰卡	2003.08.11	2005.05.22
特立尼达和多巴哥	2003.09.18	2005.05.22	阿尔巴尼亚	2004.09.13	2005.07.28
文莱	2004.09.21	2006.12.29	阿塞拜疆	2005.03.17	2005.08.17
格鲁吉亚	2005.06.22	2005.11.10	墨西哥	2005.09.12	2006.03.01
沙特阿拉伯	2006.01.23	2006.09.01	阿尔及利亚	2006.11.06	2007.07.27
塔吉克斯坦	2008.08.27	2009.03.28	埃塞俄比亚	2009.05.14	2012.12.25
捷克	2009.08.28	2011.05.04	土库曼斯坦	2009.12.13	2010.05.30
赞比亚	2010.07.26	2011.06.30	叙利亚	2010.10.31	2011.09.01
乌干达	2012.01.11	（尚未生效）	博茨瓦纳	2012.04.11	2018.09.19
厄瓜多尔	2013.01.21	2014.03.06	智利	2015.05.25	2016.08.08

续表

国家	签署日期	生效日期	国家	签署日期	生效日期
津巴布韦	2015.12.01	2016.09.29	柬埔寨	2016.10.13	2018.01.26
肯尼亚	2017.09.21	（尚未生效）	加蓬	2018.09.01	（尚未生效）
刚果（布）	2018.09.05	2022.07.06	安哥拉	2018.10.09	2022.06.11
阿根廷	2018.12.02	（尚未生效）	卢旺达	2021.12.07	2022.06.25

注：① 中国政府于1985年6月10日、1987年6月8日先后与德意志联邦共和国、德意志民主共和国政府签订避免对所得和财产双重征税协定、避免对所得双重征税和防止偷漏税协定。1990年10月3日，德意志联邦共和国与德意志民主共和国统一为德意志联邦共和国，中国政府1985年6月10日与德意志联邦共和国政府签订的避免对所得和财产双重征税协定继续适用于中国和统一以后的德意志联邦共和国。

② 中国政府于1988年12月2日与南斯拉夫社会主义联邦共和国议会联邦执行委员会（南斯拉夫政府）签订避免对所得和财产双重征税协定。后来南斯拉夫解体，据外交部告，该协定由解体后的各国继承。后来中国政府陆续与解体后的各国政府签订避免对所得和财产双重征税协定，仅有波斯尼亚和黑塞哥维那政府未单独签订，上述协定继续适用于中国和波斯尼亚和黑塞哥维那。

③ 中国政府于1987年6月11日与捷克斯洛伐克社会主义共和国政府签订避免对所得双重征税和防止偷漏税协定。1990年，捷克斯洛伐克社会主义共和国先后改国名为捷克斯洛伐克联邦共和国、捷克和斯洛伐克联邦共和国，上述协定继续适用。1993年1月1日，捷克和斯洛伐克联邦共和国分解为捷克共和国和斯洛伐克共和国，上述协定继续适用于中国和上述两国。2009年8月28日，中国政府与捷克共和国政府签订避免对所得双重征税和防止偷漏税协定，已经生效。

④ 中国政府于1997年3月21日与南斯拉夫联盟共和国联盟政府（南斯拉夫联盟政府）签订避免对所得和财产双重征税协定。2003年2月4日，南斯拉夫联盟共和国改国名为塞尔维亚和黑山共和国，上述协定继续适用。2006年6月3日，塞尔维亚和黑山共和国分解为塞尔维亚共和国和黑山共和国，上述协定继续适用于中国和上述两国。

表16　内地与香港、澳门特别行政区签订的避免双重征税安排

地　区	签署日期	生效日期
澳门特别行政区	2003.12.27	2003.12.30
香港特别行政区	2006.08.21	2006.12.08

表17　大陆与台湾签订的避免双重征税协议

地　区	签署日期	生效日期
台　湾	2015.08.25	（尚未生效）

拓展情报交换网络

20世纪90年代，中国主要开展专项税收情报交换，合作对象包括美国、英国、日本、韩国等10余个国家。进入21世纪，随着中国经济不断融入全球经济体系，中国税收情报交换工作也呈现加速发展态势。2022年，中国与50多个国家和地区保持着稳定的情报交换关系，并继续通过国际联合信息分享与协作特别工作组（JITSIC）平台与相关国家开展情报交换项目合作。

2013年8月，中国签署《多边税收征管互助公约》，2016年2月1日起对中国生效，自2017年1月1日起执行。中国还与巴哈马、英属维尔京群岛、马恩岛、根西、泽西、百慕大、阿根廷、开曼群岛、圣马力诺和列支敦士登10个国家和地区签订了税收情报交换协定且已生效执行。中国国际税收征管协作网络得到较大拓展，覆盖了主要贸易伙伴以及与中国经济往来较为频繁的低税负国家或地区。2020年，中国通过税收透明度和情报交换全球论坛（以下简称全球论坛）开展的第二轮专项税收情报交换同行审议，获得的评级为“大部分遵从”。

2014年，中国对外承诺将实施金融账户涉税信息自动交换标准（CRS）。

2015年12月，经国务院批准，国家税务总局签署了《金融账户涉税信息自动交换多边主管当局间协议》。

2017年5月，国家税务总局、财政部、中国人民银行、中国银行业监督管理委员会、中国证券监督管理委员会、中国保险监督管理委员会共同发布《非居民金融账户涉税信息尽职调查管理办法》，自2017年7月1日起执行，实现了CRS在中国的落地实施。自2018年起，中国已连续五年成功对外交换非居民金融账户涉税信息，并获取居民纳税人境外账户信息，为打击跨境逃避税行为提供更为有力的信息支撑。

2020年，中国通过全球论坛开展的CRS国内法审议，各项法律要素全部达标，获得的评级为“到位”。2022年，中国通过CRS有效性审议，获得的评级为“合规”。

表18　中国政府签订的多边税收条约

条约名称	签署日期	生效日期	执行日期	签署人
多边税收征管互助公约	2013.08.27	2016.02.01	2017.01.01	王军
转让定价国别报告多边主管当局间协议	2016.05.12			王军
实施税收协定相关措施以防止税基侵蚀和利润转移的多边公约	2017.06.07	2022.09.01		王军

表19　中国政府签订的税收情报交换协定

国家（地区）	签署日期	生效日期	执行日期	签署人
巴哈马	2009.12.01	2010.08.28	2011.01.01	胡定贤（大使）
英属维尔京群岛	2009.12.07	2010.12.30	2011.01.01	钱冠林
马恩岛	2010.10.26	2011.08.14	2012.01.01	肖捷
根西	2010.10.27	2011.08.17	2012.01.01	肖捷
泽西	2010.10.29	2011.11.10	2012.01.01	肖捷
百慕大	2010.12.02	2011.12.31	2012.01.01	王力
阿根廷	2010.12.13	2011.09.16	2012.01.01	肖捷
开曼群岛	2011.09.26	2012.11.15	2013.01.01	宋兰
圣马力诺	2012.07.09	2013.04.30	2014.01.01	肖捷
列支敦士登	2014.01.27	2014.08.02	2015.01.01	梁建全（驻苏黎世总领事）